AF537675

Johannes Rösler

Der Eichener See

Naturwunder, Mythos und Geschichten

Dieses Buch wurde gefördert von:

IMPRESSUM

2., überarbeitete Auflage 2018

Autor, Herausgeber, Buchgestaltung und Cover:
Johannes Rösler, AbisZ-Verlag
www.AbisZ-Verlag.de
www.media-design-bodensee.de

Bildnachweise: J. Rösler (Titelbild, 8, 11, 12, 30, 32, 34-36, 40, 45, 49, 50, 68, 70, 75, 76, 79, 82, 83, 88, 89, 93, 104, 112, 117-119, 122, 125-128, 130, 132-136, 138-141, 146, 154, 156, 158, 159, 160, 162-166, 169, 171)
weitere: T. Bergmann (7, 69), K. Loch (8/1, 17, 26), P. Sarramagnan-Souchier (37), ev. KiGa Eichen (41), Schwarzwald-Tourismus (54, 121), W. Kramer (55), W. Käß (66), H. Heise (69), M. Trefzer (78, 80), Badische Zeitung (84), Dr. Eglin-Dederding (96), D. Freiner/O. Grüttner (94, 97, 98, 103), Wikipedia (87, 106), Tiefbauamt Schopfheim (114), Brauchtumsverein (34, 124), G. Krebs (135), E.Seewichte (143), E. Holdermann (153), K. Vollmer (161)

Herstellung/Produktion:
Books on Demand GmbH, Norderstedt
ISBN-Nummer: 978-3-946666-02-8

INHALT

Liebe Leserinnen, liebe Leser,

„Isch er do, de See?“, lautet die meist gestellte Frage zu Beginn von Gesprächen im Rahmen meiner Aufgaben als Ortsvorsteherin von „Eie“. Leider muss ich meine Gesprächspartner allzu oft mit einem „Nein“ enttäuschen.

Nicht zuletzt aus diesem Grund freue ich mich, dass der Eichener See und unser Dorf mit diesem Buch sozusagen zu Ihnen nach Hause kommen.

Lassen Sie sich von Johannes Röslers gelungener Arbeit und der wunderschönen Präsentation des „Eiemer Sees“ verzaubern. Genießen Sie die Bilder und Texte zu Hause, in einer ruhigen Stunde. Vielleicht besuchen Sie uns und schmökern auf einer der Ruhebänke an unserem See - und vielleicht ist er dann da, vielleicht aber auch nicht.

Ihre Ute Zeh, Ortsvorsteherin Eichen

Prolog

Die Magie des Eichener Sees

Ein seltenes Naturschauspiel

Mal taucht er auf, wie aus dem Nichts, dann verschwindet er wieder, ohne eine Spur zu hinterlassen. Weder richtet er sich nach einem Terminkalender, noch an Jahreszeiten oder Messergebnisse. Dieser mysteriöse See, der weder einen sichtbaren Zu- noch einen Abfluss besitzt, scheint seine eigene Gesetzmäßigkeit zu leben. Sein Name: Eichener See. Der im Volksmund „Eiemer See" (alemannisch) genannte, magisch anmutende See, in dem die älteste Tierart der Welt, der Kiemenfußkrebs, Zuflucht gefunden hat, befindet sich im äußersten Südwesten der Republik, im Südschwarzwald, im Dreiländereck Deutschland, Schweiz und Frankreich. Er liegt nur wenige Kilometer von Schopfheim entfernt, ganz in der Nähe des Ortsteiles Eichen, in idyllischer Natur, umgeben von Bäumen, Hügeln, Äckern und Wiesen.

Meist schweift jedoch der Blick ins Leere: kein See ist da! Weit und breit nur Wiese, Bäume, eine Holzhütte und Acker. Nur eine Infotafel weist auf ihn hin, auf dem das Blau des Sees leuchtet und den Besucher über den See aufklärt. Ein Messlattenstab in der Mitte der Seemulde lässt erahnen, dass hier Wasserstände gemessen werden. Ein stiller, beschaulicher Ort, der zum Verweilen einlädt.

Wenn er aber auftaucht - und das zu unterschiedlichen Zeiten, manchmal jedes Jahr, manchmal erst nach fünf Jahren - regt sich Leben am See. Dann strömen von überall her Menschen an diesen Ort, als wäre hier ein Heiligtum zu finden, zu dem eine Pilgerfahrt unternommen werden muss. Der Parkplatz in der Nähe ist dann meist hoffnungslos überfüllt und platzt aus allen Nähten. Der stille, kleine Ort am Rande von Eichen wird von einem Tag auf den anderen zu einer Touristenattraktion, die Tausende aus nah und fern in ihren Bann zieht und in der Presse für Schlagzeilen sorgt. Alle kommen zum See, um einerseits dieses seltene und einmalige Naturschauspiel zu bewundern, andererseits um am Ufer ein gemütliches Stelldichein zu feiern, zu entspannen oder einfach staunend und ehrfurchtsvoll den See zu umrunden.

Dieses Buch will dem Phänomen Eichener See auf den Grund gehen - im wahrsten Sinne des Wortes - und seine Einzigartigkeit in Deutschland würdigen. Warum und woher kommt er und wohin geht er? Was und wie wurde bisher erforscht? Was hat es mit dem urzeitlichen Kiemenfußkrebs auf sich, der sich im See versteckt und einmalig in Deutschland ist? Erzählt werden Sagen, Mythen und Geschichten, die sich um den See ranken. Von Traditionen und Bräuchen wird berichtet, wie dem traditionellen Eierspringen.

Vorgestellt werden Maler, Fotografen, Musiker und Dichter, die in ihren Werken dem See ein Denkmal gesetzt haben. Es gibt Wunderliches und Abenteuerliches, Humoriges und auch Schauriges zu berichten. Und nicht zuletzt werden das Dorf Eichen, der Dinkelberg, das Wiesental und auch die nahen „Verwandten" des Sees, die Erdmannshöhle in Hasel und die Tschamberhöhle bei Rheinfelden, in dessen Landschaft der See eingebettet bzw. von denen er umgeben ist, beleuchtet.

Visitenkarte Eichener See

Der See im Dreiländereck D-CH-F

Der Eichener See

Land: Baden-Württemberg
Land-/Stadtkreis: Lörrach
Gemeinde: Schopfheim
Gemarkung: Eichen
Koordinaten: 47° 38′ 41″ N, 7° 51′ 44″ O
Status: geschützt (LSG + NSG)
Geographische Lage: Dinkelberg

Wasserfläche:	0 - 1,25 ha
max. Länge:	0 - 250 m
max. Breite :	0 - 135 m
Uferlänge:	0 - 450 m
max. Volumen:	0 - 33000 m^3
Einzugsgebiet:	20 ha
max. Tiefe:	3 m
Höhenlage:	465-490 m üNN

Baden-Württemberg

Von einem merkwürdigen See

Wie alt der Eichener See ist und ob er sich schon immer so eigenartig verhalten hat, darüber schweigt die Geschichte. Eigentlich müssten es die alten Römer sein, die davon Kenntnis hatten, die dessen auffälliges Verhalten bemerkten und sogar aufzeichneten. Denn diese waren es, die das Gebiet Südwestdeutschlands, das von Kelten und einzelnen germanischen Stämmen besiedelt war, vor ca. 2000 Jahren in ihren Besitz nahmen und auch im Wiesental und damit in und um Schopfheim Fuß fassten. Auf sie gehen grundlegende Neuerungen auf allen Gebieten zurück, von der Einführung eines neuen Rechtes und einer Verwaltung, über Handel, Verkehr und einem stehenden Heer, bis zur Einführung einer Schrift. Denn bis dahin kannten die Eingesessenen nur mündliche Überlieferungen und mussten bei allen Geschäften und sonstigen Tätigkeiten ohne Schrift auskommen.

Vom Aufenthalt der Römer liefert die Geschichte Schopfheims konkrete Beweise. So hat auf dem Areal der Alten Stadtkirche St. Michael einst ein römischer Gutshof bzw. eine Villa gestanden. Auch von Eichen wird berichtet, dass es römische Ansiedlungen im Ortsbereich gab. So soll an der Stelle, auf der früher die legendäre Kirche St. Pankratius stand, sich ebenfalls ein römischer Gutshof befunden haben. Auch bei der alten Mühle in Eichen wird ein solcher Hof vermutet. Sogar eine Befestigungsanlage sollen die Eroberer gebaut haben - auf einer Anhöhe oberhalb des jetzigen Ortes Eichen, nur einen Steinwurf vom Eichener See entfernt. Dass davon nichts übrig geblieben ist, haben wir den Alemannen zu verdanken, die über 200 Jahre später die Römer aus dem Gebiet vertrieben, ihre Steinbauten verwüsteten und die Reste zum Bau ihrer Häuser nutzten. So soll auch der Ort Eichen entstanden sein.

Der Eichener See blieb jedoch im Dunkeln der Geschichte. Auch in dem umfangreichen Werk des römischen Historikers und Schriftstellers *Plinius der Ältere*, der Naturalis Historia, zu Deutsch Naturforschung oder Naturgeschichte, lässt sich nichts finden. Dieses um 77 n.Ch. entstandene, umfassende Werk, das als die älteste, vollständig überlieferte, systematische Enzyklopädie gilt, befasst sich mit einer Vielzahl von Themen – von der Geographie, Zoologie über Medizin, Mineralogie bis zur Malerei und Kunstgeschichte. Zwar wird von merkwürdigen Gewässern in der römischen Welt berichtet, die im Boden versickern, und von Quellen erzählt, die ungewöhnliche Eigenschaften aufweisen, aber der See bei Eichen tauchte bei dem Römer und seinen Schreibhelfern nicht auf.

„Der Unglückssee“

Die bekannte Geschichte des Sees beginnt somit erst im 18. Jahrhundert. Dafür stehen zwei markante Ereignisse: ein tragisches Unglück auf dem See im Jahre 1772, das mindestens vier Menschen das Leben kostete - und eine Veröffentlichung aus dem Jahre 1782 des Lehrers und Schriftstellers *Heinrich Sander* mit dem Titel „Von einem merkwürdigen See in der obern Marggrafschaft Baden“.

Das Unglück, dem der See seine allererste urkundliche Erwähnung verdankt, wird auch in der Schopfheimer Stadtchronik des Stadtpfarrers *August Eberlin* aus dem Jahre 1878 erwähnt. Andere Quellen berichten von einer Hochzeitsgesellschaft, deren Boot gekentert ist, so dass Personen ertranken. Auch eine reine „Brautpaar-Version“ gibt es, bei dem ein verschmähter Nebenbuhler des Bräutigams auftritt, der das Boot angesägt haben soll. Das Ortssippenbuch von Schopfheim und umliegenden Gemeinden, das Personen und Ereignisse aus den Jahren 1607 bis 1870 aufzeichnet, gibt über das Ereignis genaue Auskunft und hat die Namen von vier Ertrunkenen erfasst. Der tragische Tod dieser Menschen hat später Menschen beflügelt, Legenden und Geschichten darüber zu erzählen, die auch Eingang in die Literatur und Musik gefunden haben.

Eine sachliche und wissenschaftliche Beschreibung verdankt der See der Veröffentlichung von *Heinrich Sander* (1754 - 1782). Der Professor am Gymnasium illustre in Karlsruhe und Mitglied der „Gesellschaft Naturforschender

324 Von einem merkwürdigen See

XXVIII.

Von einem merkwürdigen See in der obern Marggrafschaft Baden.

Turpe est in patria vivere et patriam ignorare.

Man hat bisher mit Recht den Zirknizer See als eine merkwürdige Erscheinung angesehen. Indessen ist jener See nicht der einzige, an dem man die besonderen Veränderungen wahrnimmt. In meinem Vaterland ist der sogenannte Eichener See völlig von eben der Art, und verdient daher eine umständliche Beschreibung und die Aufmerksamkeit der Naturforscher.

In der Landgrafschaft Sausenburg liegt in einem waldigten Thal, linkerhand von Basel, das Landstädchen Schopfen. Zum Gebiet und zum Kirchsprengel dieser Stadt, gehört das Dörfchen Eichen, das nur eine Viertelstunde von Schopfen und von dem Fluß Wiese, der oft so erstaunlich groß werden kann, entfernt ist, und im Bann dieses kleinen Orts liegt der Landsee, der davon den Namen hat Eichener See.

Freunde zu Berlin“ hatte im Laufe seines Lebens mehrere Reisen durch Frankreich, die Niederlande, Deutschland und Italien unternommen und darüber in Zeitschriften und Büchern berichtet. Neben seinen bekannten Reiseberichten verfasste er aber auch Werke zur Theologie und brachte volksaufklärerische und philosophisch-wissenschaftliche Schriften heraus.

Sein berühmter Aufsatz über den Eichener See, der auch das bereits genannte Unglück auf dem See erwähnt, erschien in der Zeitschrift „Der Naturforscher“, Band 1782 und wurde erneut abgedruckt in „Kleine Schriften“ (siehe Bild oben). Sander gilt auch als der erste Naturwissenschaftler und Forscher, der 1781 die Erdmannshöhle in Hasel (s. Seite 78) besuchte und einen Bericht verfasste („Beschreibung einer Tropfstein-Höhle in der Landgrafschaft Sausenburg“).

Hier sein Bericht über den Eichener See

„Von einem merkwürdigen See in der oberen Markgrafschaft Baden[0]"

Turpe est in patria vivere et patriam ignorare[1]

Man hat bisher mit Recht den Zirknitzer See[2] als eine merkwürdige Erscheinung angesehen. Indessen ist jener See nicht der einzige, an dem man die besonderen Veränderungen wahrnimmt. In meinem Vaterland ist der sogenannte Eichener See völlig von eben der Art, und verdient daher eine umständliche Beschreibung und die Aufmerksamkeit der Naturforscher.

In der Landgrafschaft Sausenberg[3] liegt in einem waldigen Tal, linkerhand von Basel, das Landstädtchen Schopfe[4]. Zum Gebiet und zum Kirchensprengel[5] dieser Stadt gehört das Dörfchen Eichen, das nur eine Viertelstunde von Schopfen und von dem Fluss Wiese, der oft so erstaunlich groß werden kann, entfernt ist, und im Bann dieses kleinen Orts liegt der Landsee, der davon den Namen hat Eichener See.

Der See liegt auf einem ziemlich erhöhten Ort, wo selbst gewöhnlich kein Wasser ist. Rings um ihn herum ist Ackerfeld und Föhrenwald[6]. Das Dorf dabei und die Felder liegen alle tiefer.

Seine Größe ist ungleich und verschieden. Man berechnet gemeiniglich die Breite auf einen und die Länge auf zwei Büchsenschüsse. Zuweilen fasst der See sechs bis acht Morgen[7] in sich. Auch ist er oft in einem Jahr tiefer als im anderen. Da wo die größte Tiefe ist, hat man schon gegen 16 Schuh[8] gefunden. Alle anderen Quellen in dieser Gegend sind schön, sauber, gesund, aber das Wasser hat eine graublaulichte Farbe, fast wie das Rheinwasser und wird von den Landleuten für scharf gehalten, weil alle Gewächse und Früchte, die im Boden des Sees gepflanzt worden sind, so bald sie von Wasser berührt werden, abgehen und sterben. Doch ist dies nur von jungen, zarten Gewächsen zu verstehen. Denn beim Anwachsen erreicht das Wasser im See einige Birnbäume, die aber dadurch nicht beschädigt werden.

Das merkwürdigste des Sees ist, daß er bald anläuft, bald austrocknet.

Das Anlaufen oder Anschwellen des Sees hält keine bestimmte Zeit. Oft läuft die Wiese vom vielen Regenwasser gewaltig an und der See wird deswegen doch nicht grösser. Oft sieht man in zwei bis drei Jahren nicht, daß hier ein See ist, oft sammelt sich das Wasser in einem Jahr zwei und mehrmals. Am Boden des Sees sieht man keine grossen Löcher, keine besonderen Öffnungen, aus welchem das Wasser gewöhnlich und häufig hervorkäme. In vielen kleinen Bläschen, wie aus Wurmlöchern, quillt es nach und nach herauf. Oft wird der See sichtbar, wenn in den umliegenden Gegenden alles trocken und nirgends Wasser zu finden ist. Oft bleibt der See sieben - oft neun Wochen stehen. Oft wird es ein Vierteljahr bis er wieder abläuft. Man sieht alsdann keine andere Tiere darin als Frösche und Kröten.

Bricht der See gerade zu der Zeit aus, da die Wasserenten ihren Strich[9] haben, so kann man auch diese auf dem See sehen. Fische gedeihen nicht in dem Wasser. Ein Fischer setzte Forellen hinein, aber sie starben alle in kurzer Zeit. Es ist zuverlässig falsch, daß der See nach jeder nassen Witterung hervorquille. Und wenn er auch anfängt sichtbar zu werden, nachdem eine Zeitlang vorher Regenwetter gewesen; so fährt er nachher fort zu wachsen und wenn auch warme trockene Witterung einfällt. Aller Schaden, den der See alsdann anrichtet, besteht darin, daß die, während dem der See ausgetrocknet war, angebauten Früchte völlig vernichtet werden.

Vor etlichen Jahren geschah ein Unglück auf dem See. An einem schönen Sonntag im Maimonat, wollten die jungen Bürger und Bürgerinnen in der Gegend, auf dem eben stark gewordenen See spazieren fahren. Aus Unvorsichtigkeit traten zu viel Menschen in ein kleines Boot. Das Schiff sank unter, kam aber wieder herauf, einige retteten sich noch durch Schwimmen, aber vier tote Körper fischte man mit langen Stangen aus dem Wasser, die man ohne Zweifel hätte wieder erwecken können, wenn es möglich gewesen wäre, die Polizei in aller Geschwindigkeit davon zu benachrichtigen.

Das Abnehmen des Wassers im See ist eben so sonderbar. Ein Bürger im Ort versicherte mir, daß das Wasser auch schon ein ganzes Jahr stehen geblieben sei; daß der See meist im Winter austrockne; daß, wenn das Wasser einmal anfange zu versiegen, es immer mehr abnehme, nicht einmal trüber werde, und zuletzt ganz verschwinde, wenn gleich anhaltendes Regenwetter alle anderen Bäche und Pfützen vergrössere. Man weiß nicht und sieht nicht, wo das Wasser hinkommt. Nach und nach zieht es sich wieder in den Boden hinein, und verliert sich eben so unvermerkt, als es herausgedrungen ist. Ist alles Wasser wieder verschwunden, so bleibt nicht viel Schlamm und Morast übrig, und der Schlick der zurück bleibt, wird untergepflügt, und vermehrt die Fruchtbarkeit des Bodens. Denn alsdann wird der Boden des Sees als Wiese genutzt und gibt sehr gutes Futter, teils baut man darin eben so, wie auf anderen Feldern, Korn, Dinkel, Hafer, Gerste, Kartoffeln, und solang kein Wasser kommt, gerät dies alles sehr wohl. Doch sind diese Felder freilich bei weitem nicht in dem hohen Preis, in dem andere Güter stehen, weil man allemal in Gefahr ist, Saat und Ernte unter den Überschwemmungen zu verlieren.

Auf der Oberfläche der Erde, kann man gar nicht sehen, daß dieser See mit irgend einem Fluß oder Wasservorrat in Verbindung stehe. Der Rhein ist noch zwei Stunden davon, bei einem Oesterreichischen Dorf Schwertach[10]. Was die Natur für merkwürdige Anstalten zu diesen und ähnlichen Erscheinungen in der Tiefe der Erde hat, das entdeckt unser Auge nicht.

Der ältere Plinius, dessen Fleiß fast alles umfaßte, was nur unter menschliche Erkenntnis fällt, hat schon mehrere Beispiele angeführt. Siehe seine Hist.nat L. il. C.94. und sein Neffe erzählt ähnliche Erfahrungen von einer Quelle Epist. L.IV.XXX nebst den Vermutungen der Weltweisen und Naturforscher.

Erklärungen zu Sanders Bericht:

[0] Die *Markgrafschaft Baden*, bereits 1112 so genannt, teilte sich 1535 in die Markgrafschaft Baden-Durlach und die Markgrafschaft Baden-Baden. 1771 kam es zur Wiedervereinigung. Die Markgrafschaft Baden ging 1803 im Kurfürstentum und 1806 im Großherzogtum Baden auf.

[1] *„Turpe est in patria vivere et patriam ignorare“:* „Eine Schande ist es, in seiner Heimat zu leben und die Heimat nicht zu kennen.“

[2] *Zirknitzer See:* siehe weiteren Buchtext

[3] *Landgrafschaft Sausenberg*: Die Markgrafschaft Hachberg-Sausenberg entstand im Jahre 1306 und existierte als selbstständiges Territorium im Deutschen Reich bis 1503, wo sie Teil der Markgrafschaft Baden wurde. Herrschaftszentrum und Stammsitz war einige Zeit die Sausenburg, heute eine Ruine bei Kandern im Landkreis Lörrach.

[4] *Landstädtchen Schopfe*: Stadt Schopfheim.

[5] *Kirchensprengel* (oder auch: Kirchspiel): Bezeichnung für einen Pfarrbezirk, in dem die Ortschaften einer bestimmten Pfarrkirche und deren Pfarrer zugeordnet sind.

[6] *Föhrenwald* steht für einen Wald mit reinem Bestand an Kiefern.

[7] *Morgen:* Flächenmaß, das bis ca. 1900 in Deutschland verwendet wurde. Es bestimmt die Fläche, die mit einem einscharigen Pferde- oder Ochsenpflug an einem Vormittag gepflügt werden kann. Entspricht ca. 3.300 m².

[8] *16 Schuh*: Der Schuh oder auch Fuß war früher ein verwendetes Längenmaß, das je nach Land zwischen 28 und 32 cm maß. 16 Schuh betreffen also eine ungefähre Tiefe des Sees von 5 Metern.

[9] *Strich* ist in der Jägersprache eine regelmäßig eingehaltene Flugbahn von Vögeln („Federwild“) von und zu Rastplätzen oder Nahrungsplätzen (Enten, Gänse, Tauben) und beim Balzflug („Schnepfenstrich“).

[10] *Dorf Schwertach*: gemeint ist der heutige Ort Schwörstadt am Rhein.

Eichen zu Sanders Zeit: arm aber lustvoll

Katastrophen, Wendezeiten und Seeverwandtschaften

Zu Sanders Zeit war Eichen ein kleiner, unbedeutender Ort, der im Schatten des Landstädtchens Schopfheim, damals und heute noch „Schopfe“ genannt, lag. Im Gebiet des Markgräflerlands herrschte der Markgraf von Baden, *Karl Friedrich* (1728 - 1811). Als Anhänger der Aufklärung lagen ihm Wohlfahrt und Glück seiner Landeskinder am Herzen. So schaffte er 1767 die Folter ab und hob 1783 die Leibeigenschaft seiner badischen Untertanen auf. In seiner langen Regierungszeit (73 Jahre) förderte er Schulen und Universitäten, Kultur und Städtebau und setzte Impulse für eine vorindustrielle Wirtschaft und Produktion.

Das kurfürstliche Wappen

Als Karl Friedrich 83-jährig starb, war er in ganz Europa ein angesehener, aufgeklärter Souverän eines mittelgroßen Fürstentums, das er mit Hilfe von Napoleon aus einem Flickenteppich von herrschaftlichen Territorien zu einem einheitlichen Staatsgebilde geformt hatte und das als „badisches Musterländle“ galt. Aus diesem entstand dann das Großherzogtum Baden, das von 1806 bis zur Gründung des Deutschen Kaiserreiches 1871 ein souveräner Staat war.

„Frisches Blut“ aus der Schweiz

1782, im Jahr der Veröffentlichung von Sanders Bericht über den See, lebten im kleinen Ort Eichen am Rande der Stadt Schopfheim gerade mal ca. 300 Einwohner – und das unter meist armseligen Bedingungen. Noch zehn Jahre zuvor hatte sich deshalb die Regierung Karl Friedrichs gezwungen gesehen, den Einwohnern Getreide und Sämereien zu schenken. Not und Elend hatten die vielen Kriege gebracht, die seit Anfang des 17. Jahrhunderts im Lande tobten. Die schlimmsten Auswirkungen hatte der Dreißigjährige Krieg (1618 - 1648), der Verwüstungen und Tod hinterließ. Damit einher ging eine drastische Reduzierung der Bevölkerung, von der sich Eichen nur langsam erholte. So waren nach dem Jahrhundertkrieg gerade mal 95 Einwohner übrig geblieben, 100 Jahre später war sie wieder auf 200 gewachsen, auch Dank Einwanderern aus der angrenzenden Schweiz.

Einwohnerentwicklung

	1648	**1698**	**1709**	**1789**
Eichen	ca. 95	145	ca. 200	283

Wölfe verbreiten Angst und Schrecken

Dazu kamen Naturkatastrophen, Seuchen und auch die Pest. So ist der Schopfheimer Stadtchronik zu entnehmen, dass im Jahre 1763 eine so heftige Maul- und Klauenseuche herrschte, dass ein Jahr später die Preise für Butter, Wein, Korn und Gerste auf eine gewaltige Höhe, oft auf das Doppelte des ursprünglichen Preises, schossen. Zwei Jahre später richtete ein schweres Hagelwetter der Landwirtschaft großen Schaden an. 1766 soll der Winter so kalt gewesen sein, dass sich sogar Wölfe bis an die Stadt Schopfheim trauten und die ganze Gegend unsicher machten. Dem kalten Winter folgte ein so trockener Sommer, dass das Mehl zur Mangelware wurde.

Doch das war noch nicht alles. In den Jahren von 1769 bis 1771 gab es schwere Regenfälle, so dass drei Missernten eingefahren wurden. Und im Jahre 1795 wütete ein gewaltiger Sturm, der an Häusern, in Waldungen und Obstbäumen große Schäden anrichtete. Misswuchs und anhaltende Teuerung führten auch dazu, dass die Zahl der Raubüberfälle, Einbrüche und Diebstähle zunahm. Aus diesem Grund sah sich die Regierung veranlasst, im August 1789 50 Mann Militär in Schopfheim und Umgebung zu stationieren.

Fütterung mit Klee: blödes Vieh mit weichen Hufen

Die Auswirkungen dieser Ereignisse waren auch in Eichen zu spüren. Aber es war nicht nur das. Auch die Eichener selbst trugen ihren Teil dazu bei. So wurde als Ursache der Armut und der damit einhergehenden Demoralisierung der Bevölkerung in einem Gutachten an die Regierung der irrationale Betrieb der Landwirtschaft missbilligt. Kritisiert wurde dabei die Vorliebe der Bauern für

Waidgang ihrer Tiere, der dem Ackerbau den notwendigen Dünger entziehe. Die Beamten empfahlen, statt der Waldweide den Anbau von Futtermitteln auf den Brachfeldern und die Einfuhr anderer Rinderrassen aus der Schweiz. Diese Maßnahme sollte eine ganzjährige Stallfütterung ermöglichen und gute Gewinne abwerfen. Außerdem setzte sich die Regierung für den Kartoffelanbau ein. Als Futtermittel favorisierten sie den Klee, gegen den sich jedoch die Bauern wehrten, denn dieser stand im Ruf „blödes Vieh" mit weichen Hufen zu produzieren.

Wende durch die Frühindustrialisierung

Zur Beruhigung wurde in dem Gutachten festgestellt, dass die Leute in Eichen früher sehr fleißig, arbeitsam und wohlhabend gewesen seien und dass sie sich bei vernünftiger Wirtschaft wieder erholen werden. Das geschah dann mit der Zeit und Armut und Not gehörten bald der Vergangenheit an. Dazu bei trug auch die einsetzende Frühindustrialisierung im nahen Schopfheim, bei deren Folge neue Betriebe entstanden wie eine Baumwollweberei, eine Papiermühle oder ein Werk, genannt der Drahtzug, der Draht, Drahtstifte und Drahtgeflechte produzierte (um 1759). Dazu gesellte sich die aufblühende Textilindustrie im Wiesental, von denen auch Eichener profitierten. So ist belegt, dass im Jahre 1760 fünf Haushalte Heimarbeit leisteten. Die Webergasse erinnert bis heute daran. Dazu kamen neue Märkte, die zu einer wirtschaftlichen Belebung der Region beitrugen.

Diese Frühindustrialisierung bewirkte auch eine Veränderung der Sozialstruktur der Bevölkerung. So unterschied man streng zwischen mehr oder weniger mittellosen Einwohnern und der eigentlichen Bürgerschaft.

Freizeitvergnügen

Die Stadtchronik von Schopfheim berichtet, dass in dieser Zeit auch die „Lustbarkeit" nach so viel Jahren der Entbehrung ihren Höhepunkt hatte. Anlass dazu gab auch der Eichener See, um den sich, wenn er wieder auftauchte, ein lustiges Leben entfaltete. Alt und jung trafen sich am See in geselliger Runde, genossen Speis und Trank an den Buden, die extra dafür aufgestellt wurden (diese Tradition wird auch heute noch beibehalten - s. Seite 124) und fuhren Boot. Mit einiger Promille im Blut nahmen schnell Leichtigkeit und Schabernack überhand – mit Konsequenzen. Eine fröhliche Wasserfahrt kostete – wie schon berichtet – 1772 vier oder auch fünf Menschen (je nach Augenzeuge und Quelle) das Leben, als solch ein Boot kenterte. Wahrscheinlich war auch niemand des Schwimmens mächtig, sonst wären alle mit dem Leben davongekommen. Denn Schwimmen galt in der damaligen Zeit als nicht selbstverständlich. Vielleicht war auch die Kirche daran schuld, denn sie war es, die Bade- und Schwimmverbote erlassen hatte und das Schwimmen als moralisch verwerflich ächtete. Schließlich war es mit der Entblößung des Körpers verbunden.

„Die Wiese der Ertrunkenen“

Zu den Todesopfern aus dem Jahre 1772 kamen später weitere hinzu. So ertrank 1876 ein Weber aus Wehr. Fast hätte ein weiteres Unglück die Schlagzeilen gefüllt: Der Tod von drei Schulknaben. Über dieses Ereignis schreibt das *Markgräfler Tagblatt* am 2. Februar 1910:

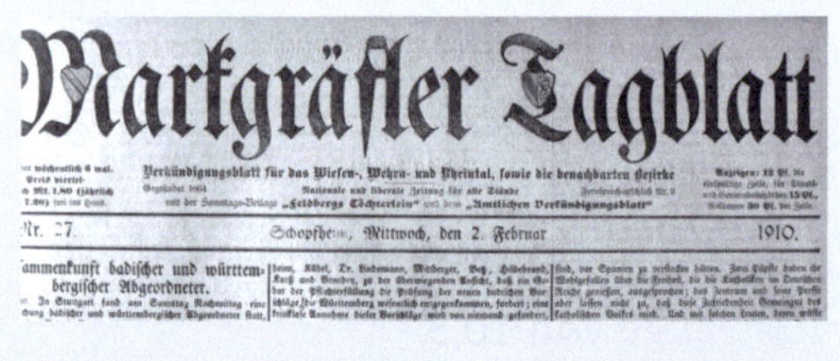
Markgräfler Tagblatt

Nr. 27. Schopfheim, Mittwoch, den 2. Februar 1910.

> *„Auf dem zugefrorenen See tummelten sich einige Schulknaben auf dem Eise, als plötzlich einer derselben einbrach und ins Wasser stürzte. Glücklicherweise waren zwei andere Knaben in der Nähe, welche den Verunglückten mit größter Mühe retten konnten, und nur der Umstand, dass ein weiteres Nachgeben des Eises nicht stattfand, ist es zu verdanken, dass nicht alle drei verloren gingen, da der Einbruch des Eises in der Nähe des Pegels, der tiefsten Stelle, erfolgte“.*

Diese „dunkle Seite“ des Sees mit Tod, Leid und Schrecken bekam immer wieder Nahrung durch die Schilderung in den Medien, die den See mit diesen traurigen Ereignissen in Verbindung brachten. So thematisierte im August 2013 die „Badische Zeitung“ in einem Artikel mit der Überschrift: „Die Wiese der Ertrunkenen“ neben der schönen und phantastischen Seite des Sees auch dessen dunkles Kapitel und sprach von acht Personen, die der See bisher auf dem Gewissen habe. Dass es bis heute nicht mehr geworden sind, liegt vor allem daran, dass das Schwimmen zur Selbstverständlichkeit geworden ist und dass im Naturschutzgebiet das Baden verboten ist.

Der See und vergleichbare Gewässer

Zwar ist der Eichener See einzigartig - aber nicht einmalig. Er hat einige „Verwandte“ in der Welt, mit denen er sein Schicksal teilt. Sie alle zeichnen sich dadurch aus, dass sie weder einen oberirdischen Zu- noch Abfluss besitzen und dass sie kommen und gehen wann sie wollen. Vielfach wird dabei von „periodischem See“ oder „saisonalem See“ gesprochen, manchmal auch von Sicker - oder Blindsee. Eines dieser Exemplare ist ebenfalls im Land Baden-Württemberg zu finden, ca. 250 Kilometer Luftlinie vom Eichener See entfernt: der Ottensee bei Mulfingen. Weitere Vorkommen liegen in den verkarsteten Gebieten am südlichen Harzrand (in Niedersachsen, Thüringen und Sachsen-Anhalt). Der Bekannteste unter ihnen befindet sich jedoch im südlichen Teil von Europa, im heutigen Slowenien. Es ist der Zirknitzer See, auf den auch Sanders Bericht Bezug nimmt.

Der Zirknitzer See: der weltweit größte Sickersee

Dieser im Südwesten des Landes liegende, periodische See, slowenisch Cerkniško jezero, benannt nach der nahegelegenen Ortschaft Cerknica, ist sogar der weltweit größte seiner Art. Das Wasser versickert aus dem See gleich zwei Mal im Jahr. Damit verwandelt sich die Gegend, vor allem im Sommer, in eine Sumpflandschaft. Ist er geflutet, bedeckt er eine Fläche von 26 bis 38 Quadratkilometer, was der Größe von etwa fünf Fußballfeldern entspricht. Mit einer Länge von 10,5 km und einer Breite von 4,7 km ist er der größte See in Slowenien. Die maximale Tiefe beträgt dann 10 m. Im Vergleich dazu ist der Eichener See ein Zwerg.

Diesen größeren Bruder des Eichener Sees erwähnte erstmals ein Grieche, dem das Naturphänomen auffiel: Strabon (63 v. Chr. - 23 n. Chr.). Der griechische Historiker und Geograph, der sich auf die Landeskunde spezialisierte und sich der Behandlung von Natureinflüssen auf Charakter, Wirtschaftsweise und Staatsleben der Bevölkerung widmete, war ein weitgereister Mann und hinterließ mehrbändige Werke. Dem See gab er den Namen „Lakus Lugens“, in Anlehnung an „Luga“, Sumpf, wie ihn die Einwohner nannten, wenn er sich wieder in eine Sumpflandschaft verwandelte, nachdem das Wasser versickert war.

Auch ein Philosoph beschäftigte sich mit diesem See: *Immanuel Kant* (1724 - 1804). Der aus Königsberg stammende Schöpfer der „Kritik der reinen Vernunft“ widmete sich in seiner Schrift „Gedanken von der wahren Schätzung der lebendigen Kräfte“ dem Phänomen periodischer Seen und nennt ebenfalls wie Sander als Beispiel den Zirknitzer See.

Er schreibt: *„Man hat einige Seen auf dem Erdboden, die ganz ordentlich sich zu gewissen Zeiten durch verborgene Canäle verlaufen und zur gesetzten Zeit wiederkommen. Der Zirknitzer See im Herzogthum Krain ist ein merkwürdiges Beispiel hiervon. Er hat in seinem Boden einige Löcher, durch welche er aber nicht eher abfließt als um Jacobi. Da er sich denn mit allen Fischen plötzlich verläuft und nachdem er drei Monate lang seinen Boden als einen guten Weide- und Ackerplatz trocken gelassen, gegen den Novembermonat sich plötzlich wieder einfindet.“*

Er vermutet, dass diese Seen durch unter dem Boden befindliche Quelladern Zufluss bekommen, die wiederum in den umliegenden Anhöhen ihren Ursprung haben. Auch verweist er auf die Wirkung von Höhlungen, die als Wasserbehälter fungieren und ein „Saugwerk“ für den Zu- oder Abfluss des Sees bilden. Damit greift Kant der Erklärung des Phänomens Eichener Sees vor, wie wir später in diesem Buch noch sehen werden.

Der verschwundene Zwilling

Noch vor über 100 Jahren besaß der Eichener See sogar einen „Zwillingsbruder“: Der See im nahegelegenen Ort Kürnberg. Der nur zwei Kilometer Luftlinie entfernte Verwandte, der sich einst hinter dem Gasthof „Sternen“ befand, verhielt sich wie sein größerer Bruder in Eichen: mal kam er, mal ging er. Im Sommer freuten sich die Kinder und benutzten ihn als Planschbecken. Im Winter, wenn er zugefroren war, tummelten sich die Eisschuhläufer auf dem Eis. Doch eines Tages war er für immer verschwunden und ist bis zum heutigen Tag nicht mehr aufgetaucht.

Keiner konnte bisher das Rätsel lösen. Es liegt jedoch die Vermutung nahe, dass das Verschwinden des Sees mit dem Bau des Eisenbahntunnels Fahrnau - Hasel in Zusammenhang steht. Dieser 1.370 Meter lange Fahrnauer Tunnel, im Volksmund auch Hasler Tunnel genannt (offizielle Bezeichnung damals

„Großherzog-Friedrich-Tunnel“) wurde zwischen 1887 und 1890 erbaut als Teil der 19,7 km langen Wehratalbahn zwischen Bad Säckingen und Wehr. Der Tunnel, der damals als der drittlängste Eisenbahntunnel Deutschlands galt, verläuft genau durch den Dinkelberg an der schmalsten Stelle zwischen Fahrnau und Hasel (siehe auch Seite 82).

„Zwillingsbruder“ Kürnberger See

In der Chronik des Baues ist zu lesen, dass die Tunnel-Baustelle immer wieder durch eindringendes Wasser „abgesoffen ist“ und die Arbeiter ins Freie flüchten mussten. Auch heute noch – 1971 wurde der Personenverkehr eingestellt, 1994 wurde die Linie völlig stillgelegt – fließt Wasser aus der Röhre und mündet in einem aus dem Tunnel strömenden Bach, der sich schließlich mit dem Fluss Hasel vereint.

Weidlingfahren im Wandel der Zeiten auf dem Eichener See

Legenden und Geschichten rund um den See

Seit Gedenken hat der Eichener See die Menschen fasziniert und ihre Phantasien beflügelt. Sein geheimnisvolles, rätselhaftes Verhalten hat Geschichten hervorgebracht, die zu Legenden und Mythen wurden und hat Spekulationen gefördert, die sein Kommen und Gehen zu erklären versuchten. Mit Messungen und Untersuchungen wurde der Versuch unternommen, seine verborgenen Zu- und Abflüsse aufzuspüren und eine wissenschaftliche Erklärung für das ungewöhnliche Phänomen seines periodischen Erscheinens zu finden. Trotz vielfältiger Anstrengungen und Bemühungen blieben jedoch Fragen offen. Bis heute ist es nicht gelungen, sein Geheimnis vollständig zu ergründen.

So ist es nicht verwunderlich, dass noch immer von mystischen Wesen, die hier ihr Unwesen treiben, erzählt wird. Die Rede ist dabei von Zwergen, Erdmännern und auch Erdmännchen, die sich als Hüter des Sees ausgeben. Hier, in diesem Gebiet, in dem es viele unterirdische Höhlen und Labyrinthe gibt, finden sie ideale Lebensbedingungen vor und können sich so vor den Menschen verstecken. Diese menschengestaltigen, kleinwüchsigen Wesen leben in den Köpfen vieler Menschen fort und werden für mancherlei Geschehnisse und Ereignisse verantwortlich gemacht. Ihnen wird eine übermenschliche Kraft und Macht zugesprochen, mit denen sie die Natur aber auch die Menschen in ihrem Sinne lenken und beeinflussen können. Sie gelten als schlau und zauberkundig, bisweilen listig, tückisch und geizig. Manchmal sind sie auch hilfreich und dienen den Menschen.

In den folgenden Legenden, Geschichten und mystischen Erzählungen spielen sie eine entscheidende Rolle.

Der Pakt mit den Bergmännlein

In einem großen, unterirdischen Palast sollen Männlein hausen. Ganz in Kristall gestaltet, von strahlender Schönheit und angefüllt mit Gold und Silber, aber auch mit Edelsteinen sollen sie ihn eingerichtet haben und niemand weiß, ob damit die uns bekannten, hilfreichen Erdmännlein oder andere Wichte gemeint sind.

Die Sage berichtet, dass einst ein Eichener Bauer in einem über alle Maßen trockenen Sommer seine jüngste Tochter einem von ihnen zur Frau versprochen habe, mit der Bedingung, dass die Bergmännlein seine Felder immer ausreichend bewässern würden. Diese hielten sich an die Abmachung, und die Felder und Matten des Bauern grünten prächtig, während die seiner Nachbarn zunehmend verdorrten.

Das Mädchen hatte wohl etwas leichtfertig zu dem Vertrag ihres Vaters „ja" gesagt. Denn inzwischen hatte sie einen gutaussehenden Burschen kennen und lieben gelernt, und sie mochte nicht mehr von ihm lassen. Jetzt bekam sie Angst, ihr ganzes Leben mit solch einem Zwerg tief unten im Berg im Kristallschloss verbringen zu müssen. Sie weinte nachts und sann auf Auswege, und je mehr der vom Vater ausgemachte Tag herannahte, umso verzweifelter wurde sie. Sie wusste wohl, hier würde sie dem Männlein nicht entrinnen können. Da beschloss sie, mit ihrem Liebsten die Heimat zu verlassen, weit fort, wo die Bergmännlein keine Macht mehr haben konnten.

In der letzten Nacht trafen sich die beiden auf der Eichener Höhe und nahmen Abschied von der trauten Heimat. Gerade hat ihr Liebster noch lachend gesagt, die Männlein würden am Morgen sehr dumm dreinschauen, wenn sie ihren Lohn, das Mädchen, abholen wollten. Da schlug es auf der Schopfheimer Michaelskirche Mitternacht und ein unheimliches Rauschen begann in der Dunkelheit, und von allen Seiten quollen Wassermassen hervor. Unter mächtigem Donner und grellen Blitzen lief die Mulde voll. Die Unglücklichen klammerten sich eng aneinander und ehe sie fliehen konnten, schlug der See über ihnen zusammen, und sie ertranken. Die Felder und Matten des Bauern wurden weggeschwemmt, dass nur der nackte Fels übrigblieb, und seine ganze Ernte war zerstört.

Wenn jetzt von Zeit zu Zeit der See wieder einmal steigt, dann sagen die Eichener Bauern scheu: Das sind die Bergmännlein, die Unterirdischen. Sie wollen uns wieder mal an den Verrat von damals erinnern.

Der See bei Eichen.

Auf einem Berg bei Eichen liegt das Becken eines Sees, welches bald ganz trocken und mit Feldfrüchten bebaut, bald mit Wasser gefüllt ist, das darin allenthalben hervorgequollen. Dieses brach einmal so schnell herein, daß ein Brautpaar, welches Hand in Hand in dem Becken ging, sich nicht mehr flüchten konnte und ertrank. Mit dem Bache in der Has'ler Höhle und den Brunnen zu Tüllingen bei Lörrach steht der See in Verbindung; letztere fließen nicht, sobald er vorhanden ist. Nach der Sibillen Weissagung bricht er einst aus und reißt halb Eichen und den westlichen Theil Schopfheims mit der Kirche weg. Der Schlüssel der letzteren wird dann in Höllstein wiedergefunden.

Der Eichener See
Erzählung nach einer Volkssage

Außerhalb der verschütteten Gräben und Mauern der ehemaligen Veste Schopfen (jetzt Schopfheim) erheben sich uralte Linden, in deren Schatten die Kinder einen angemessenen Tummelplatz fanden, und worunter auch die Erwachsenen an schönen Abenden oder Sonntagen sich zu geselligen Spielen vereinigten. Ein milder Septembertag war vorüber, das Geräusch der Geschäfte verstummt und eine ruhige Stille lag über dem Thal. Durch die Zweige der hohen Linden flüsterte ein leiser Hauch, sanft, wie die Sprache der Liebe. Herzinnig nun schlang ein Jüngling ein holdes Mädchen, mit dem er seit etlichen Minuten unter den Linden lustwandelte. „Katharina," sagte der Jüngling, „würdest du mit Johannes, dem Wirth zum fliehenden Hirschen, glücklicher seyn, als mit Georg, dem schlichten Weber?"

„Welche Frage, Georg, nachdem ich dir schon einen Kuß gegeben! Ist er dir nicht das Zeichen meiner Liebe, Schwur und Pfand meiner Treue? Mit dem Manne bin ich glücklich, den ich liebe, mit einem andern gewiß nicht. Und weißt du schon, was mein Vater heute zu mir gesagt hat?"

Sie standen gerade neben einer Bank, die sich rings um einen dicken Lindenstamm hinzog; Georg setzte sich nieder und zog Katharina auf seinen Schoß. „Rede mein Herz, rede," sprach er, und legte seinen Arm über die Schulter der Geliebten.

„Nahe sind wir am Ziele, Georg, näher als du glaubst; unser Glück ist nicht mehr ferne. Heute, als der Vater zu Mittag gegessen und alleine noch am Tisch saß, rief er mich zu sich. Das Herz klopfte mir, doch nahm er freundlich meine Hand und hieß mich sitzen. Katharina, sagte er, ich weiß es, daß du den Georg liebst, den Wirth aber, den Johannes, nicht leiden magst. Du erhältst jetzt auch meine Zustimmung. Deiner Großmutter hast du es zu verdanken; sie hat den Johannes auskundschaftet; er sei im Geheimen ein nichtswürdiger Mensch und habe auch andere Mädchen schon betrogen. Sein neues Wirthshaus in der Vorstadt draußen, die immer mehr Häuser bekommt, gefällt mir zwar, aber ich will doch nicht, daß du die fliehende Hirschwirthin werdest. Wenn sich der Georg

immer so gut hält, so sag ihm, daß er frei in unser Haus kommen darf, ich werde nimmer so unwirsch mit ihm reden. Ich fiel meinem Vater um den Hals und sprang hernach zur Großmutter, sie zu küssen."

Von dem süßen Glücke naher Zukunft übermannt und von der Freude unerwarteter Wendung berauscht, preßte Georg die Geliebte an seine Brust und bedeckte ihr Gesicht mit heißen Küssen. „Kein Mensch ist reicher, keiner glücklicher, als ich; Katharina, durch dich bin ich es!" rief er jubelnd. „Aber auch deine Tage will ich verschönen, dein Leben versüßen, mein theures Mädchen, durch unverwelkliche Liebe und ewige Treue, glaub es mir, Katharina!" Und abermals küßte er den kleinen Mund der Holden.

Die nahe Thurmuhr kündete gerade die neunte Stunde, und Katharina mahnte an die Heimkehr. „Noch Eins!" sagte der glückliche Georg. „Morgen ist Sonntag und der Tag scheint sonnenhell zu werden; wir machen einen Spaziergang an den Eichener See und feiern dadurch den ersten Tag unserer gekrönten Liebe. Und wenn der kleine Weidling auf dem See frei ist, so kann er uns eine Stunde hin und her tragen." Katharina nahm den Vorschlag an und entfernte sich an dem Arme ihres Geliebten, nach dem Hause ihres Vaters kehrend. Hinter der Linde trat eine Gestalt hervor, als die beiden fort waren. „So, so!" rief dieselbe; „wartet, ich will mich schon rächen!"

Auf einer Anhöhe, zwischen dem Wiesen- und Wehrarthale befindet sich ein merkwürdiger See, der etliche Jauchert Land bedeckt. Das Wasser aus demselben verschwindet gänzlich, ohne daß man einen sichtbaren Abfluß kennt. Das Land, wenn es wieder trocken ist, wird dann angepflanzt und gibt reichlichen Ertrag. Gewöhnlich im Spätjahr erscheint der See wieder. Man weiß nur, daß

sich das Becken mit Wasser füllt; aber niemand kann mit Gewißheit sagen, da oder da ist es hervorgebrochen.

An diesem See stunden am Sonntag Nachmittage Georg und Katharina. Der Jüngling band den Weidling los und vergnügt stiegen beide hinein. Mit starker Hand stieß Georg den Nachen vom Land, daß er lustig über das Wasser hinschaukelte. Welch' Entsetzen! Plötzlich brach die eine Seite des Fahrzeugs zusammen. Mit einem gellenden Schrei, den Katharina ausstieß, sank sie, von Georg umarmt, in die Tiefe des Wassers. Nach einigen Minuten wurden beide wieder sichtbar. Mit aller Kraft und Anstrengung suchte der Jüngling, Katharina mit dem einen Arme über dem Wasser haltend, das Ufer zu erreichen. Vergebens; er sank und mit ihm sein Theuerstes. Das liebende Paar fand vereint ein großes, naßes Grab, aus welchem sie nimmer zum glücklichen Leben emporstiegen.

Aus dem Walde, der an den See stößt, trat Johannes, der Wirth zum fliehenden Hirsch. „Ich habe mich gerächt!" sagte er, und sein wüstes Auge sah scheu nach der Stelle, wo seine unglücklichen Opfer untergesunken waren. Der furchtbare Mensch hatte in der Nacht vor dem Sonntag den Weidling so geschickt durchsägt, daß es ohne genaue Untersuchung nicht bemerkt werden konnte, so, daß sich das Fahrzeug durch die Last von zwei Menschen nach und nach auseinander fügen mußte.

Jedermann bedauerte mit aufrichtigem Herzen die zwei Verunglückten und suchte den vom höchsten Schmerz erfüllten Vater Katharina's zu trösten. Allgemein schrieb man das Unglück dem Zufall, oder der Gebrechlichkeit des Weidlings zu.

In der Nacht, die auf diesen Sonntag folgte, weckte ein furchtbares Geschrei die Bewohner der Vorstadt Schopfheims. Es kam aus einem Fenster des Wirthshauses zum fliehenden Hirschen. „Rettet mich, ihr Leute, rettet mich! Seh't ihr nicht das Gewässer? Der See ist ausgebrochen – dort kommt er ja – Alles ist verloren! Sie schöpfen ihn aus, weil ich sie hinein geworfen – die Vorstadt wird untergehen!" Der Schreier wollte durch's Fenster auf die Straße, aber ein hinzugetretener Knecht hielt ihn zurück. Unten versammelte sich eine Menge Menschen. „Was ist dem Hirschenwirth geschehen – ist er wahnsinnig?" fragte

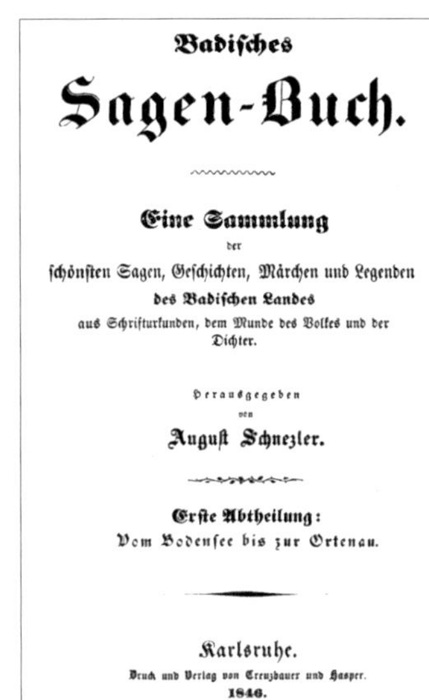

Badisches
Sagen-Buch.
Eine Sammlung
der
schönsten Sagen, Geschichten, Märchen und Legenden
des Badischen Landes
aus Schrifturkunden, dem Munde des Volkes und der Dichter.
Herausgegeben
von
August Schnezler.
Erste Abtheilung:
Vom Bodensee bis zur Ortenau.
Karlsruhe.
Druck und Verlag von Creuzbauer und Hasper.
1846.

man sich untereinander. Dem Statthalter, der auch unten stund, war aber das Wort: „weil ich sie hineingeworfen!“ nicht entgangen. Er trat zu dem Hirschenwirth ein.

Ein schrecklicher Traum hatte die Sinne des Missethäters verwirrt. Er antwortete auf keine Frage; aber in Einem fort schrie er: „Hätte ich den Georg und des Müllers Katharina nicht hineingeworfen, so könnten sie den See nicht ausschöpfen, und die Vorstadt und mein Haus gingen nicht unter. Rettet mich aus dem Wasser!“

Man wußte genug. Am andern Morgen wurden die einzelnen Stücke des Weidlings zusammen gefischt. Die Untersuchung brachte die Unthat völlig an den Tag.

Reinhard Reitzel

aus:
Badisches Sagen-Buch I,
1846, S. 217 - 220
Verlag: Creuzbauer und Kasper
Karlsruhe

Reinhard Reitzel
**** 05. Dezember 1812 in Eichstetten am Kaiserstuhl***
† 28. November 1889 in Schopfheim, badischer Lehrer und Mundartdichter

Gechichten aus unseren Tagen

Amelies abenteuerliche Schlittenfahrt

Es geschah an einem Sonntag im Januar 2013. Die Luft war klar und kalt. Frisch vom Himmel gefallener See bedeckte die Wege und Hügel am zugefrorenen Eichener See, der sich wieder einmal nach langer Abstinenzzeit zeigte. Wie jedes Mal, wenn der See da ist, machte sich eine große Menge von Menschen auf den Weg, um dieses einzigartige Naturschauspiel zu bewundern. Für ihr leibliches Wohl sorgten die Eichener, die einen Wirtewagen am See aufstellten. Die Betreuung dieses Wagens erfolgte jeweils abwechselnd durch einen anderen Verein. An diesem Tag war es der Förderverein des Kindergartens, der die Versorgung übernommen hatte. Es gab Würstchen, heißen Tee, Punsch und Snacks.

Alt und Jung waren auf den Beinen und genossen die winterliche Atmosphäre am See. Während die Erwachsenen sich gemütlich am Wagen ein Stelldichein gaben und „schwätzten", erfreuten sich die Kinder am Schnee, balgten sich in der weißen Pracht oder rodelten mit ihren Schlitten den kleinen Berg hinunter, vorbei am Wirtewagen und der Info-Tafel, die erst zwei Jahre zuvor zum Eichener See aufgestellt worden war.

Auch die damals dreijährige Amelie war mit ihrem Schlitten unterwegs. Sie hatte sich von Michael, dem Vater ihrer Freundin Lara, auf den Berg ziehen lassen. Von dort sauste sie mit ihrem Gefährt in Richtung See. Doch ach, statt rechtzeitig zu bremsen, zischte sie mit Karacho an der Tafel vorbei und landete auf dem zugefrorenen See. Da stand sie nun plötzlich mutterseelenallein auf weiter Flur und konnte weder vor noch zurück. Sofort rannte Michael zu ihr, um sie aus ihrer Not zu befreien. Doch er hatte nicht damit gerechnet, dass das Eis seinem Druck nicht standhielt. Er brach sofort ein und stand im Nu fast bis zur Hüfte im eiskalten Wasser - mit dieser Tücke des Sees hatte er tatsächlich nicht gerechnet!

Diesem Treiben hilflos zusehen musste ihr Vater, der am Rande stand und nicht wusste, wie er nun seine Tochter aus der misslichen Lage befreien konnte.

Spektakuläre Rettungsaktion von Amelie aus dem zugefrorenen Eichener See

Sofort war ein Freund der Familie, Rudi Waßmer, zur Stelle, der seinen Arbeitswagen am See abgestellt hatte. Von dort holte er einen Spanngurt, drückte ihn Amelies Papa in die Hand, der ihn blitzschnell direkt zu Amelie auf den See warf. Sie fing ihn beherzt auf und band ihn, nachdem der Vater ihr entsprechende Anweisungen gegeben hatte, um das Lenkrad ihres Schlittens. So konnte sie unbeschadet vom See gezogen werden. Alle waren erleichtert und glücklich, dass nichts Schlimmeres passiert war und Amelie keinen Schaden erlitten hatte. Während Amelie mit ihren Freunden weiter im Schnee tollte, wurde Michael mit dem Auto nach Hause gebracht, um seine Kleider zu trocknen.

„Sie war ganz tapfer und zeigte überhaupt keine Angst“, berichtet ihre Kindergärtnerin, Miriam Lünsmann-Stiegeler, die das Geschehen aus dem Wirtewagen mit angesehen hatte. Sie ist stolz darauf, dass Amelie viel Mut gezeigt und die gefährliche Situation mit Gelassenheit gemeistert hat.

Mit einem beherzten Lächeln erinnert sich heute Amelie an dieses Ereignis zurück. Seit einiger Zeit drückt sie schon die Schulbank und freut sich, dass sie jetzt gemeinsam mit ihrem Bruder in die Schule gehen kann, der schon ein Jahr früher eingeschult worden war. Ihre Lieblingstiere sind ihre Katze Oscar und Pferde.

Amelie mit 6 Jahren 2015

„Hurra, wir leben noch!“: Der glückliche Ausgang einer Katastrophe

Es geschah an einem Samstagnachmittag im März im Jahre 1982. Die Sonne schien und nur wenige Wolken ließen sich am blauen Himmel blicken. Der Winter lag in seinen letzten Zügen und hauchte – wie Abschied nehmend – noch einmal einen eisigen Wind übers Land. Der Eichener See, der nach längerer Zeit wieder einmal erschienen war, war noch mit einer Eisdecke bedeckt. Den ganzen Winter hindurch hatten sich auf ihr Schlittschuhläufer, Eishockeyspieler und Spaziergänger getummelt und sich am Eis erfreut.

Auch Gertrud Kuhny aus Eichen, Jahrgang 1931, wollte sich noch einmal auf dem Eis vergnügen und machte sich mit ihrer zehnjährigen Tochter auf den Weg zum See. Vor Ort traf sie auf weitere vier Kinder, die sie einlud, mit ihnen gemeinsam auf dem See eine kleine Rutschpartie zu machen. Sie fassten sich alle an den Händen, bildeten eine Schlage und schlitterten in fröhlicher Runde in Richtung Seemitte.

Doch plötzlich fing es an zu krachen und zu knirschen. Es klang unheimlich. „Haut alle ab!“, schrie Frau Kuhny geistesgegenwärtig den Kindern zu. Mit einem Ruck ließen sie sich alle los und rannten auf das rettende Ufer zu. Für Frau Kuhny war es jedoch zu spät. Sie brach sofort ein und nur in wenigen Sekunden steckte sie bis zur Hüfte im kalten Wasser. „Wie komme ich nur aus dieser Situation heraus?“, fragte sie sich verzweifelt. Plötzlich tauchte wie aus dem Nichts ein rettender Engel in Gestalt eines Skifahrers auf, der am See zufällig vorbeifuhr. Er sah die Misere, stoppte sofort und versuchte, in die Nähe der Frau zu gelangen. Das war jedoch nicht so einfach, denn ihm konnte zu jeder Zeit das Gleiche passieren. Doch er hatte Glück. Er streckte ihr seine Stöcke entgegen und zog sie damit Schritt für Schritt aus dem Wasser heraus.

Heute kann Frau Kuhny darüber lachen

Am Ufer angekommen nahm Frau Kuhny ihre Tochter an die Hand und sie rannten so schnell wie möglich nach Hause. „Hurra, wir leben noch!", sangen sie dabei und waren heilfroh, dass niemand zu Schaden gekommen und alles glimpflich abgelaufen war. Am warmen Ofen dachte Frau Kuhny mit Dankbarkeit an den Mann zurück, der ihr geholfen und dabei viel Mut bewiesen hatte.

Sturm- und Drangzeit auf dem See

Hans Keller mit Frau beim jährlichen Seniorenfest

25 Jahre lang - von 1984 bis 2009 - leitete er die Geschicke von Eichen als Ortsvorsteher: Hans Keller. In dieser Zeit war er auch - 20 Jahre lang - im Stadtrat Schopfheim tätig. Mit dem Eichener See verbinden den 1940 in Eichen geborenen, jetzigen Pensionär viele Kindheits- und Jugenderlebnisse, die ihm in lebendiger Erinnerung geblieben sind.

Das Erscheinen des Sees war nicht nur immer ein Großereignis, über das die Lokalpresse - und nicht nur diese - regelmäßig berichtete und in deren Ergebnis Scharen von Menschen zum See pilgerten. Auch die Kinder und Jugendlichen eroberten den See auf ihre Weise und nahmen ihn in Besitz. Nicht nur Baden, Plantschen und Schwimmen war angesagt, auch wurde der See mit Flößen und Booten befahren.

Auch der junge Keller hatte viel Spaß und Freude an dem „Eichener Haussee". So baute er mit seinen Freunden ein Floß, auf dem sie allerlei Schabernack trieben und Verrücktheiten veranstalteten. Viel Unsinn trieben sie auch mit einem Stocherkahn, einem sogenannten Weidling, den Erwachsene vom Rhein an den See verschafft hatten und der am Pegelmessstab festgebunden war. Mit einem Schlauchboot oder auch schwimmend kaperten sie den Kahn. „Das war in meiner Sturm- und Drangzeit", erzählt mit einem verschmitzten Lächeln auf dem Gesicht Hans Keller.*

Für 5 DM über den See

Am 1. Mai wurden immer Mutproben veranstaltet. Die älteren Jugendlichen animierten die jüngeren, durch den zu dieser Jahreszeit noch kalten See zu schwimmen. 5 DM wurde demjenigen geboten, der es wagte. Und jedes Mal fand sich auch jemand, der den Mut aufbrachte, das kalte Wasser schwimmend zu besiegen.

Lange Zeit diente der Seeboden auch als Bolzplatz. Dort fanden „Dorfkämpfe" statt, wie Eichen gegen Dossenbach. Auch Grümpeltourniere wurden durchgeführt. Später schaffte der Ortsschaftsrat diesen Platz ab, weil das Gebiet zum Naturschutzgebiet erklärt worden war. Er wurde auf die Weberstraße verlegt. Als dann dieses Areal mit Reihenhäusern bebaut wurde, wurde der Platz wieder verlegt, diesmal oberhalb von Eichen, am Hügel vor dem Seeparkplatz. Dort dient er - falls er nicht vom prophezeiten Überlaufen des Sees weggespült wird - auf Dauer den Kindern und Jugendlichen.

Im Winter, wenn der See zugefroren war, wurde regelmäßig Schlittschuh gelaufen und/oder Eishockey gespielt. Die Bahnen wurden dabei vorher mit einem Schneeschieber freigemacht. Ein besonderes Ereignis für die Jugendlichen war es, bei Vollmond Eishockeywettkämpfe auszutragen.

Im Winter ein beliebter Freizeitsport-Platz

Einmal musste Hans Keller eine eiskalte Erfahrung machen: mitten im Winter brach er auf dem zugefrorenen See ein und versank sofort bis zur Hüfte im Wasser. Mit Mühe und Not konnte er sich aus dem Eis befreien und ans Ufer gelangen. Da es bitterkalt war, wurde sofort seine Hose steif. Schnell lief er nach Hause, streifte seine Kleider ab und legte sich ins warme Bett.

Mit dem Traktor durch den See

Bubenstreiche und Schabernack waren nicht selten. So kam einmal ein Jugendlicher auf die verrückte Idee, mit dem Traktor seines Vaters durch den See zu fahren. Das gewagte Vorhaben ging glücklich aus, da der See nur ca. 1.5 Meter tief und der Traktor ein Lanz Bulldog war, der den Auspuff nicht hinten, sondern nach oben hatte. So kamen beide - Fahrer und Traktor - unbeschadet am anderen Ufer an.

**Dieser Bootstyp zählt mit rund 5000 Jahren zu den ältesten Schiffsbautypen der Welt und wurde schon von den Kelten benutzt.*

Der Eichener See: ein Zaubersee? - Erinnerungen von Winfried Kirst

Wir lieben ihn, unseren Eichener See! Meine 5 Buben und wir alle! Da fragt jemand:
„Wo ist denn der See?"
„Natürlich", sagen wir, „da hinten."
„Wo denn?"
„Da liegt er!"
"Ich sehe nichts."
Also, wenn von einem See gesprochen wird, der nicht da ist und nicht zu sehen ist, dann muss er wohl ein Zaubersee sein! Ja! Einmal ist er da, einmal ist er nicht da. Das ist wie beim Menschen. Wenn der Mensch schläft, ist er nicht da. Erst wenn er wach wird, ist er da. So schläft unser See oft jahrelang. Er ist schon zauberhaft!

Nach einer langen Regenperiode stand ich einmal in der Senke auf der Wiese des nicht vorhandenen Sees. Da fing es plötzlich an zu glucksen und rings um mich herum erschienen viele kleine Quellen. Quellwasser! Das Wasser drang aus dem Untergrund immer kräftiger nach oben. Aus dem erst kleinen See entstand ein mächtiger See, der schließlich über den mit Natursteinplatten ausgelegten schmalen Wanderweg drang. Die Zeitungen berichteten. Ob in Basel, Freiburg oder sonstwo. Oh Schreck! Wer es nicht gesehen hat, kann es sich nicht vorstellen. Die friedliche Natur um den See verwandelte sich zu einem Sensationsobjekt! Fremde, die die Hauptstraße nach Wehr entlang fuhren, staunten: „Was ist denn hier los? Hat jemand eine Goldader entdeckt?" 199 PKWs und mehr besetzten Flur und Wiesen. Der zu spät Kommende fand keinen, aber auch gar keinen Stellplatz mehr. Oha! Das ist also der Goldsee!?

Erlebnisse am See

Einmal im März machte ich bei schönem, kühlem Wetter mit meinen Buben einen Spaziergang, nachdem der See längere Zeit schon da war. Der Rummel war bereits weg und wir waren allein. Zu verlockend, vor dem tief beeindruckenden See zu stehen! Natürlich wurden die Schuhe ausgezogen und die Hosen hochgekrempelt. Oha! Dieses kalte Wasser biss aber! Die Winni-Kirst-Buben liessen sich jedoch nicht aufhalten. Wirklich zu verlockend!

Plötzlich standen sie mitten im See. Erst bis zur Hüfte, dann bis zum Bauchnabel und dann bis zur Brust. „Na, wenn wir schon hier sind", dachten sie, „dann gehen wir auch ganz durch!" Ich stand am Ufer und staunte: „Das sind also meine Buben! Da brauchst du dir vor der Zukunft keine Sorgen zu machen!" Triefend nass, eine Wasserspur hinter uns herziehend, gingen wir zum Parkplatz. Eine warme Dusche zu Hause brachte die Lebensgeister der Buben wieder ins rechte Lot.

Einmal hatte ich die Gelegenheit, im Sommer den Eichener See hautnah zu berühren, ihm direkt zu begegnen. Ich ging langsam ins Wasser und über die unter Wasser liegende Wiese. Das Wasser war durchsichtig. Ich konnte jeden Grashalm und jede Wiesenblume sehen. Und den Klee! Da meine Notizbücher mit 5-, 6- und 7blättrigen Kleeblättern gefüllt waren, untersuchte ich, ob ich nicht vielleicht .... Ich bückte mich und hob aus der Wassertiefe von einem halben Meter ein 4blättriges Kleeblatt! Dann tauchte ich andächtig ins Wasser. Ich habe nie zuvor im Leben ein solch weiches, klares, angenehmes Wasser erlebt. „Das muss ja wohl ein Heilwasser sein!" So wurde ich mit dem Goldzaubersee verwandt. Wir kennen uns jetzt.

Die Urkrebse

Jetzt kommen die zauberhaften kleinen Krebse, die noch mit der Urzeit der Erde verbunden sind. Ich konnte sie immer wieder bewundern und anschauen. Mein Sohn Benjamin hat schöne, scharfe Fotos vom Uferrand her von den Urkrebsen machen können.

Einmal, da war ich noch ein Neuling in Eichen, traf ich am Eichener See einen alten, einheimischen Mann, der mit Begeisterung die Alpen durchwandert hatte. Ich fragte ihn, wo denn die Urkrebschen wären. Ich hätte noch keine ge-

sehen! Er führte mich an den Uferrand und zeigte da und dorthin. Er zeigte mir zu meiner Verblüffung die verschiedenen Stadien der Entwicklung dieser Urtierchen. Man kann immer wieder wissenden Menschen begegnen!

Eiszeit

... mit über 80 noch fit wie ein „Turn- hier: Schlittschuh"

Ein besonderer Moment des Eichener Sees ist, wenn er im Winter zugefroren ist. Meist vergingen mehrere Frosttage bis sich ein herzhaftes Kind auf die Eisfläche wagte. Darauf konnte ich nicht warten! War der See etwa über drei Tage zugefroren, also ganz jung, so nahm ich mir einen kräftigen Knüppel und klopfte den Rand der Eisfläche ab. Sofort wusste ich: da kann ich drauf! Ich zog die Schlittschuhe an und flog über den spiegelglatten See. Das Eis war noch nicht starr gefroren, sondern es bewegte sich unter meiner Last in Wellen. Jetzt stehen zu bleiben war gefährlich. Aber darüber zu schweben war keine Gefahr. So war ich oft der Erste auf dem Eis, bevor andere es wagten, mir es gleichzutun. Alle meine 5 Söhne haben hier das Schlittschuhfahren gelernt.

Der Eichener See ist ein kostbares Juwel. Wenn ich die Augen schließe, sehe ich tief unter dem See eine Tropfsteinhöhle mit fantastischen Gebilden. Außer mir hat es noch keiner gesehen!

*Seine Lebenserinnerungen hat Winfried („Winni") Kirst in dem Buch: **„Vom Luftikus zum Heilpädagogen, Landwirt und Clown - Mein verrücktes und seltsames Leben"** (Paperback, 176 Seiten, ISBN 978-3734772870) veröffentlicht.*

Das Buch ist zu seinem 80. Geburtstag im März 2015 im AbisZ-Verlag erschienen.

Der evangelische Kindergarten Eichen und der Eichener See

Der Eichener See ist für die Kindergartenkinder des Eichener Kindergartens ein ganz besonderer Ort. Jedes Jahr Ende Juli werden hier unsere Kinder, die in die Schule kommen, in einem feierlichen Gottesdienst für ihren weiteren Lebensweg eingesegnet. Neben wochenlanger Vorbereitungszeit, in der ein kleines Theaterspiel mit den Kindern einstudiert wird, das sie dann mitten im See (auf der Wiese) der Gemeinde vorführen, gehört zu den Vorbereitungen auch die traditionelle Wanderung mit allen Kindern an den See.

Schön ist die Entwicklung der einzelnen Kinder zu beobachten: wenn sie dreijährig das erste Mal die Strecke mit den Steigungen bezwingen und sich mühevoll im hinteren Teil der Wandergruppe aufhalten. Sechsjährig sind sie dann vorne – ganz munter, voller Kraft und Tatendrang und dürfen Teilstrecken des Weges bis zu „Haltepunkten“ vorauslaufen. Es gibt einige schöne Traditionen, die sich im Laufe der Jahre bei dieser Wanderung eingebürgert haben: so gibt es einen Baum, den die Kinder als „Pipibaum“ auserkoren haben und wo traditionell eine „Pipipause“ eingelegt wird. Das Vesper wird traditionell in der Hütte eingenommen und gespielt wird dann ausgiebig im „dritten“ Wald. Im dritten Wald am See haben vor Jahren Kinder einmal angefangen, eine Hütte aus Ästen und Laub zu bauen und wann immer wir an den Eichener See gehen, wird genau an dieser Hütte weitergeschafft. Die Bauherren sind dabei immer die ältesten Kinder der Gruppe und haben „Hoheitsrecht“. Dieses Recht wird dann immer wieder an die nächste Generation Vorschulkinder weiter vererbt.

Eine Schatzsuche mit einem Grillfeuer ist jährlich Bestandteil der Schulanfängerübernachtung. Auch dieses Erlebnis verbinden die Eichener Kindergartenkinder mit dem See.

Schlittenfahren an verschneiten Wochenenden im Winter und die Bewirtung durch unseren Förderverein sind Highlights, die ebenfalls viele Kinder der Gruppe teilen: Besonders im Januar 2013 als Amelie Oswald mit ihrem Bobschlitten geradewegs auf den eingefrorenen See fuhr und von einigen Männern des Dorfes gerettet werden musste. Dreijährig auf dem dünnen Eis hockend, harrte Amelie tapfer der Dinge aus und ließ sich mit einem Seil wieder ans Ufer ziehen (siehe „Amelies abenteuerliche Schlittenfahrt“ *auf Seite 33*)

Zeichnungen von Kindern des Kindergartens zum Thema „Eichener See“

Wie sehr der Eichener See zu der Erlebniswelt unserer Kinder gehört, erfahren wir immer wieder am Frühstückstisch im Kindergarten, wenn ein Becher Tee verschüttet wird. Dann rufen die Kinder im Chor: „Der Eiimer See! Der Eiimer See!“

Das Team des Kindergartens

Info:

Der ev. Kindergarten wurde 1972 als Spielstube Eichen gegründet. 1999 wurde aus der Spielstube der evangelische Kindergarten Eichen. Im Mai 2006 wurde der Förderverein des Kindergartens ins Leben gerufen. Kindergarten und Verein beteiligen sich aktiv an den örtlichen Veranstaltungen. So engagieren sie sich bei Dorffesten, Wirten am See, beim Eichener Weihnachtsmarkt sowie bei anderen Aktivitäten. Auch die jährliche „Seeputzete“ steht auf dem Programm.

Der Eichener See: Ein Gewässer, das spurlos verschwindet.
In: Schwarzwald-Geheimnisse: 50 spannende Geschichten für kleine Entdecker

„Blubb - und weg ist er. Nur ein paar nasse Grashalme erinnern daran, dass hier vor wenigen Tagen noch ein richtiger See war. Nun ist er auf geheimnisvolle Weise abgetaucht.“ So beschreibt die Autorin Manuela Klaas das seltene Naturschauspiel, das der Eichener See bietet. Ist es unheimlicher Spuk oder treiben gar sagenumwobene Erdgeister ihren Schabernack und bohren Löcher am See?

Das Geheimnis des Sees ist eines von insgesamt 50 mysteriösen Dingen, die in dem Buch aufgespürt wurden. Es ist bei Edition Südkurier erschienen.

Seemonster im Eichener See

Seemonster im Eichener See entdeckt - was schon lange als Gerücht galt, wurde jetzt endlich bewiesen. Auch Eichen hat ein Seemonster. Das Bild wurde vorgestern in den Abendstunden von einem Spaziergänger aufgenommen. Nun müssen wir nicht mehr in das ferne Schottland reisen, um ein leibhaftiges Seemonster zu sehen. Auch einen Namen soll das Monster schon haben, es hört auf den Namen Eichi.

Natürlich stellen sich nun erste Fragen, wo ist das Monster wenn der See nicht da ist? Hierzu gibt es folgende Theorie; es könnte sich durch einen unterirdischen Zugang zur Hasler Höhle in einen bisher unentdeckten Teil der Höhle zurückziehen. Ist es alleine? Ist es gefährlich? Aber hier gibt es Entwarnung, nach den langjährigen Erfahrungen mit Nessi, sind sich alle Forscher einig, solche Monster sind in aller Regel friedlich und sind froh wenn sie in Ruhe gelassen werden.

Also warten wir ab was die Zukunft bringt, aber eins ist sicher: mit der Ruhe im beschaulichen Eichen ist es erst einmal vorbei.

Aus: Eiemer Dorfzitig vom 3. April 2013

Der See und die Regionalwährung „DreyEcker“

Vom See scheint ein magisches Flair auszugehen, das immer wieder Dichter, Maler und auch Musiker in seinen Bann zieht und sie zum kreativen Schaffen inspiriert. Sein unvorhersehbares und meist überraschendes Erscheinen sowie die Unerklärtheit des „Woher“ und „Wohins“ verweist auf schöpferische Züge, die durch Wandel, Neues und Unbekanntes charakterisiert werden können. Seine „Charakterzüge“ scheinen auch auf mich ihre Wirkung nicht verfehlt zu haben. Von Mitte 2003 bis Anfang 2016 durfte ich in seiner Nähe wohnen, in der Alten Wehrer Straße in Eichen, nur ca.1 km Luftlinie vom See entfernt. Während dieser Zeit habe ich ihn nicht nur mehrmals bewundern können, er scheint sich auch auf mein Schaffen und Wirken ausgewirkt zu haben. So wandelte ich mich zum Verleger und Autor und betrat damit unbekanntes Terrain. Auf sein Konto geht auch ein neues, interessantes Projekt, an dem ich aktiv mitwirken durfte: das Entstehen einer Regionalwährung.

Alternatives Geld für eine neue Wirtschaftskultur

Es begann im Jahre 2005. Eine Interessengruppe fand sich auf Initiative eines Lehrerehepaares der Walddorfschule Schopfheim zusammen, um eine Regionalwährung für Schopfheim und Umgebung einzuführen. Diese sollte eine Alternative zum Euro und dem heutigen Währungssystem darstellen und eine regionale Antwort auf die zunehmende Globalisierung sein. Nach einer intensiven Vorbereitungszeit wurde dann zwei Jahre später der „DreyEcker“ aus der Taufe gehoben. Diese neue Währung, als Komplementärwährung zum Euro gedacht, war „Geld“, durfte jedoch, da die Bundesbank das Geldmonopol besitzt, nicht so genannt werden. So wurde auf den 1er, 5er, 20iger und 50iger Scheinen, die in einer Druckerei in Schopfheim gedruckt wurden, der Begriff „Wertgutschein“ aufgeprägt. Das Umtauschverhältnis zum Euro wurde mit 1:1 festgelegt.*

Ziel dieser neuen Währung war es, die regionale Wirtschaft zu stärken und eine sozial und ökologisch nachhaltige Regionalentwicklung zu fördern. Dazu sollten neue, regionale Wirtschaftskreisläufe geschaffen werden, die sich u.a. durch kürzere und direkte Wege, die kostengünstiger und umweltschonender sind, auszeichnen. So wollte der „DreyEcker-Verein für nachhaltiges Wirtschaften e.V.“ dazu beitragen, dass eine neue Wirtschaftskultur entsteht, die auf Koope-

ration anstatt auf Konkurrenz aufbaut. Damit lag der DreyEcker voll im Trend. Vielerorts in ganz Deutschland schossen Regionalwährungen wie Pilze aus dem Boden.

„Geldscheine"

Fließendes Geld mit Umlaufimpulsen

Diese Schopfheimer Regionalwährung konnte weder gehortet noch für spekulative Zwecke eingesetzt werden. Es war „fließendes Geld". Deshalb galt für den DreyEcker eine Ablauffrist von drei Monaten. Um gültig zu bleiben, musste auf den Scheinen eine Verlängerungsmarke im Wert von 2% seines Wertes aufgeklebt werden. Damit war ein Umlaufimpuls gegeben, der die Umlaufgeschwindigkeit der Wertgutscheine erhöhen sollte. Viele Geschäfte in Schopfheim und auch Umgebung beteiligten sich daran, akzeptierten den DreyEcker als ergänzendes Zahlungsmittel und hielten so das Geldumlaufsystem in Schwung. Leider musste auf Grund personeller Engpässe und des hohen bürokratischen Aufwandes 5 Jahre später der DreyEcker wieder eingestellt werden.

„Gelddruck"

Wertvolle Erfahrungen und Einsichten

Die Einführung der regionalen Währung war ein außergewöhnliches und spannendes Experiment, das mit vielen Schwierigkeiten und Hürden gepflastert war. Widerstände und Vorbehalte mussten überwunden und viel Überzeugungsarbeit geleistet werden, sowohl bei den Gewerbetreibenden, Geschäften und Händlern, als auch bei den Bürgern dieser Stadt. Aber getreu dem Motto: „Wer etwas will, findet Wege, wer etwas nicht will, findet Gründe" gelang es, mit vereinter Kraft, diese Regionalwährung zum Laufen zu bringen. Ich persönlich habe dabei viele Erfahrungen gesammelt und Einsichten gewonnen, die für die weiteren Jahre prägend sein sollten.

Johannes Rösler

***Der Name „DreyEcker" sollte einen Bezug auf das im Dreiländereck Deutschland, Schweiz und Frankreich liegende Schopfheim herstellen.**

Moritat am Eichener See

Tiefe Wasser

Am frühen Abend hatte er den Hauptteil der Arbeit erledigt. Die beiden Säcke standen zum Abtransport bereit. Nur noch eine Zigarette rauchen, einfach, um gelassener und ruhiger zu werden. Denn Gelassenheit und Ruhe war genau das, was er unbedingt brauchte. Er hob ächzend die Säcke in den Kofferraum seines Jeeps.

Aus den Augenwinkeln sah er einen Schatten. Zaghaft fragte ihn eine Stimme: „Onkel Fred, was machst du denn da?" Fred fuhr erschrocken herum. Es war sein Neffe Robert, der wie so oft mit seinem Roller vor dem Tor seiner Garage herum fuhr. Fred war so mit seinen düsteren Gedanken beschäftigt, dass er seinen Neffen nicht bemerkt hatte. Robert sah seinen Onkel fragend an. „Ich fahre gleich zur Grünschnitt-Deponie und bringe die Säcke dorthin", entgegnete er und war froh darüber, dass ihm eine plausible Antwort eingefallen war.

Robert fuhr mit seinem Roller weiter, offensichtlich nicht weiter interessiert. Fred schloss das Garagentor. Es war noch zu hell, um die Säcke wegzuschaffen. Er setzte sich in seine Küche und überlegte angestrengt, wohin er die schreckliche Fracht bringen konnte. Das, was vor ihm lag und das, was hinter ihm lag, lähmten seine Gedanken. Er zündete sich wieder eine Zigarette an und gönnte sich einen kräftigen Schluck aus der Wodkaflasche.

Er hatte nicht bemerkt, dass er eingeschlafen war. Mühsam hob er seinen schweren Kopf von der Tischplatte. Dabei sah er, dass die Wodkaflasche nahezu leer war. Die Erinnerung überfiel ihn wie ein schwarzer Schatten. Sein Magen krampfte sich zusammen.

Der Blick auf die Küchenuhr sagte ihm, dass er zu Ende bringen musste, was er begonnen hatte. Beim abrupten Aufstehen stieß er den Küchenstuhl um. Schwankend holte Fred den Jeep aus der Garage und fuhr ziellos durch die Gegend. Fieberhaft suchte er nach einem Ausweg und überlegte, wohin er die Säcke bringen konnte. Tausend Gedanken rasten wie wild an ihm vorbei. Wie konnte das alles nur geschehen? Aber er hatte es ja schon lange geahnt: Sie war ihm nicht treu.

Doch ausgerechnet Ludwig, sein Bruder, war sein Nebenbuhler. Ausnahmsweise mal kam er über die Mittagspause nach Hause, um seine vergessene Vesperbox zu holen. Bereits im Hausflur hörte er die verdächtigen Geräusche aus dem gemeinsamen Schlafzimmer. Wutentbrannt und mit rasendem Puls stürzte er mit der Axt in der Hand in das Schlafzimmer und schlug wie besessen wieder und wieder zu. Wie in Trance erledigte er die Entsorgung der beiden Leichen, die gestückelt ihren Platz in den blauen Mülltüten fanden. Fluchtartig verließ er das Haus.

Fred fuhr viel zu schnell, er hatte sich kaum noch unter Kontrolle. Die Reifen quietschten in den Kurven, beinahe hätte er die Gewalt über sein Auto verloren. Mit viel zu schneller Geschwindigkeit fuhr er durch eine kleine Ortschaft, ohne recht zu erkennen, wo er eigentlich war. Erst jetzt bemerkte er, wie übel ihm war. Dort, ein Parkplatzschild. Gerade noch rechtzeitig schaffte er es, das Auto auf den Parkplatz zu lenken und die Autotür zu öffnen, um sich zu übergeben. Als er den Oberkörper wieder hob, blitzte ihm das Mondlicht, das sich im See spiegelte, entgegen. Er lief zum Ufer und stand vor dem ruhigen und tiefen Wasser eines großen Sees. Es erschien ihm wie ein tiefes, schwarzes Loch; genau das, was er gesucht hatte. Plötzlich hörte er ein Knacken aus dem Unterholz. Ein Vogel flatterte knapp an seinem Kopf vorbei. Fast schon konnte er den Luftzug der Flügel spüren. Eine Gänsehaut durchzog seinen Körper. Angst überkam ihn. War er ganz alleine oder wurde er beobachtet? Er wusste nur, dass er jetzt schnell handeln musste. Eilig lief er zu seinem Jeep zurück, und zog die schweren Säcke zum Ufer. Mühevoll warf er sie in den See. Eine tiefe Ruhe breitete sich in ihm aus, als er zusah, wie mit einem leichten Blubbern die beiden Säcke langsam im Schlund des tiefen Wassers verschwanden.

Voller Erleichterung lief er zum Parkplatz zurück und setzte sich vor das Lenkrad. Erst jetzt bemerkte er, wie anstrengend das ganze Unterfangen gewesen war. Sein ganzer Körper zitterte. Müde und mit letzter Kraft startete er seinen Jeep und fuhr erschöpft nach Hause. Er wiegte sich in Sicherheit. Er hatte ja keine Ahnung, dass das tiefe Wasser des Eichener Sees schon morgen nicht mehr da sein kann.

Einsam und verloren lagen zwei blaue Müllsäcke auf einer Wiese, wo noch gestern das tiefe Wasser des Eichener Sees ruhte.

Erzählt von Angela Klein - Landratsamt Lörrach

Alte Postkarten vom Eichener See

Andreas Gsell - ein leidenschaftlicher Heimatsammler von Post- und Ansichtskarten

Seit über 15 Jahren sammelt Andreas Gsell, Inhaber des Malerbetriebes Farbenland in Schopfheim, leidenschaftlich Post- und Ansichtskarten. Etliche historische Karten hat er bereits in seinem Besitz - und ständig kommen neue hinzu. Fündig wird er auf Auktionen und Messen im In- und Ausland oder im Internet. Sein Schwerpunkt ist das Sammeln von Karten aus Schopfheim und der näheren Umgebung. Über 1.000 dieser Karten befinden sich schon in seiner Sammlung, darunter Karten aus Eichen und dem „Eichener See", von denen hier eine kleine Auswahl gezeigt wird.

Für Gsell stellen die Karten die besten Zeitzeugen der Geschichte dar, weil sie den Wandel einer Stadt oder Gemeinde bezeugen. „Die Geschichte einer Stadt wird zum Großteil durch Postkarten dokumentiert", unterstreicht der Heimatsammler. In seiner historischen Sammlung finden sich alle Arten von Karten, von der Topografie-, Lithografie- bis zur Prägekarte, darunter viele sehenswerte Kostbarkeiten und Schätze. Seine älteste Karte stammt aus dem Jahre 1873.

Für die Stadt Schopfheim stellt seine Sammlung eine immense Bereicherung dar. Sie trägt dazu bei, dass die Erinnerungen an die alte Zeit lebendig bleiben und bewahrt werden.

Der Eichener See: Mehrfach geschützte Natur

Der See genießt einen mehrfachen Schutz und teilweise auch seine Umgebung. Bereits sehr früh, im Jahre 1942, wurde er als „Landschaftsschutzgebiet“ ***(LSG)*** mit einer Größe von 8,43 Hektar ausgewiesen. Damit zählt er heute zu den über 8.500 Landschaftsschutzgebieten in Deutschland, die zusammen eine Gesamtfläche von fast 10 Millionen Hektar ausmachen - dies entspricht ca. 28 % des Bundesgebietes. 1983, also fast 40 Jahre später, wurde ihm der Status „Flächenhaftes Naturdenkmal“ mit einer Größe von 3,57 Hektar zuerkannt - als ein schützenswertes Biotop bis maximal fünf Hektar Größe. Damit fällt er in die Kategorie Naturschutzgebiete ***(NSG)***, von denen es deutschlandweit über 8.670 gibt. Diese nehmen eine Fläche von ca. 1,38 Millionen Hektar ein - das sind 3,9 Prozent der Landesfläche Deutschlands. Und 2005 wurde er sogar unter europäischen Schutz gestellt, indem er als *„FFH-Schutzgebiet“** eingestuft wurde. Unter dem Label **FFH** (Fauna - Flora - Habitat), das in Deutschland bereits über 4.500 Mal vergeben wurde, verbirgt sich der Schutz des Karstsees mit seiner spezifischen, in Deutschland einzigartigen Lebensform: dem Kiemenfußkrebs.

Zwei überregionale Schutzgebiete

Dazu kommt, dass der See in zwei Großschutzgebiete eingebettet ist: in das größte Naturschutzgebiet Deutschlands, den *Naturpark Südschwarzwald*** sowie in das *Biosphärengebiet Schwarzwald****. Während der Naturpark sich in eine

Naturparke in Deutschland **Biosphärenreservate in Deutschland**

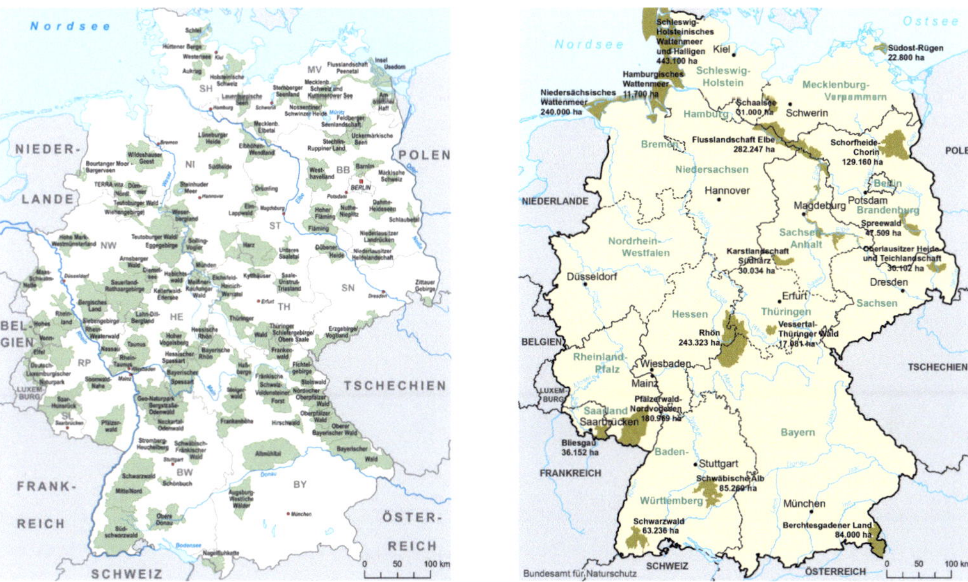

Die Lage der 103 Naturparks und 17 Biosphären-Reservate in Deutschland

Riege mit weiteren 103 Parks Deutschlands einreiht, die große Teile Deutschlands einnehmen, ist das Biosphärengebiet eines der 17 in Deutschland speziell geschützten Reservate. Diese beanspruchen fast 2 Millionen Hektar und machen damit - abzüglich der Wasser- und Wattflächen der Nord- und Ostsee - 3,7 % der Landesfläche aus (s. Karten).

Nationalpark und/oder Biosphärengebiet?

Beide Großschutzgebiete unterscheiden sich u.a. in der Nutzungsart und nachhaltigen Entwicklung. Während sich die Natur in einem Nationalpark ohne direkte Beeinflussung durch den Menschen entwickeln soll, steht im Biosphärengebiet die traditionelle, vom Menschen geschaffene und gepflegte Kulturlandschaft im Vordergrund. Das macht sich bemerkbar in der Flächennutzung. Während im Nationalpark 75 Prozent der Gesamtfläche einer Nutzung entzogen ist, sind es im Biosphärengebiet lediglich 3 Prozent. Biosphärengebiete gelten als Modellregionen für eine nachhaltige Entwicklung, in denen aufgezeigt wird, wie sich Aktivitäten im Bereich der Wirtschaft, der

Siedlungstätigkeit und des Tourismus zusammen mit den Belangen von Natur und Landwirtschaft im Wechselspiel innovativ fortentwickeln können. Sie werden von der UNESCO mit einem besonderen Zertifikat ausgestattet.

Verbot des Fischens der Kiemenfußkrebse

Ob Landschafts- oder Naturschutzgebiet, Naturpark oder Biosphärengebiet - sie alle vereint mehr oder weniger intensiv das Ziel, die Tier- und Pflanzenwelt einschließlich ihrer Lebensräume zu schützen, die Vielfalt, Schönheit und den Erholungswert von Natur und Landschaft zu erhalten und ein harmonisches Miteinander von Natur und Mensch zu gewährleisten. Gesetzlich geregelt ist dieser Schutz im „Bundesnaturschutzgesetz" sowie in Ländergesetzen, wie hier im Land Baden-Württemberg im „Gesetz zum Schutz der Natur und zur Pflege der Landschaft" (Naturschutzgesetz) vom 23. Juni 2015. Inzwischen gibt es aber viele internationale Programme, in welche die nationale Gesetzgebung eingebunden wird, so zum Beispiel das EU-Programm „Natura 2000", ein zusammenhängendes Netz von Schutzgebieten, das seit 1992 nach den Maßgaben der FFH-Richtlinie* errichtet wird.

Diese umfangreichen Inschutzstellungen bringen eine Reihe von Geboten und Verboten mit sich, die bei Übertretungen und Verletzungen auch dementsprechend geahndet werden. So ist es nicht erlaubt, das Gebiet zu zerstören, zu beschädigen oder gar zu verändern. So darf der Grund des Eichener Sees weder bestellt werden, noch dürfen Pflanzen oder Tiere entnommen werden. Ausgenommen sind dabei Bildungs- und Forschungseinrichtungen, die Flora und Fauna für Bildungs- bzw. Forschungszwecke nutzen. Auch ein Befahren des Sees mit Booten ist verboten.

Kanufahrten verboten im See

Eichener See unter Naturschutz

EICHEN (BZ). Am Wochenende hat jemand auf dem Eichener See, der sich derzeit bekanntlich in seiner ganzen Wasserpracht zeigt, mit seinem mitgebrachten Kanu eine Bootsfahrt gemacht. Ortsvorsteherin Ute Zeh weist darauf hin, dass solche Bootsfahrten laut Verordnung des Landratsamtes Lörrach – Untere Naturschutzbehörde – verboten sind, weil der Eichener See ein Naturdenkmal ist. Die Ortsvorsteherin von Eichen bittet darum, solche Bootstouren mit Rücksicht auf die Besonderheiten des Sees (seltener Blattfußkrebs) zu unterlassen.

Badische Zeitung vom 9.1.2013

Tabu ist auch das früher übliche Wegfischen der Kiemenfußkrebse zum Zwecke der Fischfütterung in Aquarien oder als Köder für die Angler. Auch ein Versiegeln oder Verdichten der Umgebung ist nicht erlaubt. Verboten ist ebenso im Winter die Nutzung des Eises im zugefrorenen Zustand. Denn früher wurde tonnenweise sein Eis „geerntet" und als Kühlmittel an Brauereien und Gastwirtschaften verkauft. Eine gute und willkommene Einnahmequelle! Das Eis wurde nicht nur in die nähere Umgebung, sondern auch ins Wiesental, nach Lörrach und sogar bis Basel geliefert.

Teuer wird es nach dem Bußgeldkatalog für jene, die in solch einem Gebiet unerlaubt zelten, Feuer anzünden oder mit Fahrzeugen oder Anhängern hinein fahren oder sie dort abstellen. Diese Ordnungswidrigkeit kann mit einer Geldbuße bis zu 15.000 Euro geahndet werden.

Buben und Mädchen weiter „plantschen“ lassen?

Die Ausweisung des Eichener Sees zum flächenhaften Naturdenkmal stieß nicht überall auf Zustimmung. So äußerte die Verwaltung der Stadt Schopfheim in einem Schreiben an das Umweltschutzamt des Landratsamtes Lörrach vom 5. August 1981 Bedenken, *„ob man das Kind jetzt nicht mit dem Bade ausschüttet, wenn man verbietet, dass künftig die Dorfbuben von Eichen, wie schon zu Zeiten ihrer Ur-Ur-Ur-Ur-Urgroßväter, wenn der See draußen ist, ein Floß bauen und plantschen und sich freuen und dabei vielleicht auch tatsächlich mal mit einer Blechbüchse ein paar Tanymastixs fangen“*. Und weiter: *„Wenn das dem Bestand gefährlich wäre, gäbe es sie sicherlich heute nicht mehr. Denn diesbezüglich ist der See zweifellos zwar nach wie vor interessant für die Dorfjugend, jedoch angesichts der anderen Vergnügungsmöglichkeiten, die es in früherer Zeit nicht gab, sicherlich nicht bestandsbedrohender. Ich glaube, hier sollte man auf dem Boden bleiben.“* Als Kompromiss wurde vorgeschlagen, dass man die Buben und Mädchen weiter „plantschen“ lässt, jedoch das Betreten des Sees zum „zielbewussten Fangen“ der Tierchen verbietet. Dann wären diejenigen ausgeschlossen, die in der Vergangenheit tatsächlich diese Krebse als Tierfutter verwandten.

Doch Gesetz ist Gesetz. So dürfen die vorgegebenen Wege nicht verlassen werden, was ein striktes Badeverbot beinhaltet - auch für Hunde! Wenig kompromissbereit zeigt sich der Gesetzgeber auch beim Schutz von Pflanzen und Tieren, die, wie oben bereits erwähnt, nur zum Zwecke von Lehr- und Forschungsaufgaben entnommen werden dürfen, was ein Fangen aus Freude oder Spaß ausschließt.

*Die Fauna-Flora-Habitat-Richtlinie, kurz FFH-Richtlinie oder Habitatrichtlinie genannt, ist eine Naturschutz-Richtlinie der Europäischen Union, die im Rahmen des EU-Programms „Natura 2000" entwickelt wurde. Ihr Ziel ist es, wildlebende Arten, deren Lebensräume und die europaweite Vernetzung dieser Lebensräume zu sichern und zu schützen.

**Naturpark Südschwarzwald
• Gründungsjahr: 1999
• Lage: Südlicher Teil des Schwarzwaldes. Im Westen und Süden reicht er bis an den Rhein, im Osten bis an das Alb-Wutach-Gebiet und im Norden an den Mittleren Schwarzwald. Der Naturpark ist zu zwei Dritteln mit Wald bedeckt und von tief eingekerbten Tälern des Schwarzwaldes geprägt
• Größe: 370.000 Hektar
• Ziel: Erhaltung der einzigartigen, historisch gewachsenen Kulturlandschaft des Südschwarzwaldes und Förderung des harmonischen Miteinanders von Natur und Mensch. Dazu werden zahlreiche Projekte aus verschiedenen Bereichen wie Tourismus, Land- und Forstwirtschaft, Kultur oder Naturschutz unterstützt, z.B. die „Käseroute im Naturpark Südschwarzwald" oder der „Südschwarzwald-Radweg".

***Biosphärengebiet Schwarzwald
• Gründungsjahr: 2016
• Lage: Das Gebiet umfasst 28 Gemeinden in den Landkreisen Lörrach, Waldshut und Breisgau-Hochschwarzwald sowie die Stadt Freiburg
• Größe: 63.236 Hektar
• Ziel: Die Aktivitäten im Bereich der Wirtschaft, der Siedlungstätigkeit und des Tourismus mit den Belangen von Natur und Landwirtschaft in Einklang bringen und nachhaltig weiterentwickeln.

Karies und Karst: Säuren greifen Zähne an - und ganze Berge

Auf Spurensuche für das mysteriöse Erscheinen des Eichener Sees

Wer den Eichener See besucht und wissen möchte, warum es da einen See gibt, der nur ab und zu mal erscheint - und zwar sehr unregelmäßig -, kommt an den Begriffen Karst und Verkarstung nicht vorbei. Diesem Phänomen verdankt er auch seine Einstufung in die Kategorie Karstsee.

Unter dem Begriff Karst - nicht zu verwechseln mit dem Werkzeug ähnlich einer Hacke, genannt der Zwei-/Dreizahn - versteht der Geologe spezielle unterirdische und auch oberirdische Geländeformen oder Landschaften, die aus der Korrosion von löslichen Gesteinen entstanden sind. Diese sind meist ein Ergebnis von Ablagerungen von Meeresbewohnern, wie Muscheln oder Schnecken, die zu Kalkstein werden. Der Vorgang selbst wird als Verkarstung bezeichnet. Drei Bedingungen müssen dabei erfüllt sein: 1. Das Gestein muss löslich sein. 2. Es braucht einen Löser, Zersetzer bzw. Angreifer. 3. Wichtig ist, dass eine Art unterirdische Wasserzirkulation stattfindet, damit das alte, verbrauchte Wasser abfließen kann und durch frisches, säurehaltiges Wasser ersetzt wird. Ansonsten tritt eine Kalksättigung auf, die einer weiteren Verkarstung im Wege steht.

Der Vorgang des Lösens bzw. Zersetzens kann mit folgender Formel dargestellt werden: CO_2 (gelöst) + H_2O = H_2CO_3 (Kohlensäure).
Kohlensäure bildet sich also aus Wasser und Kohlendioxid, das aus der Luft ins Wasser gelangt.

Der Kontakt mit der Säure wirkt sich zersetzend aus. Die Gesteine werden ausgewaschen und ausgelaugt, bekommen Risse, Klüfte und Spalten und werden ausgehöhlt. Löcher entstehen wie beim Schweizer Emmentaler Käse. Dieser Vorgang ähnelt der Karies bei unseren Zähnen. Auch hier greifen Säuren den zumeist aus Kalzium bestehenden Zahn an, machen ihn morsch oder faul und höhlen ihn aus. Das säurehaltige Wasser wird dabei im Mund durch Bakterien erzeugt, die beim Abbau von Zucker entstehen.

Dafür steht folgende Gleichung:
$CaCO_3$ (Calziumcarbonat) + H_2CO_3 (Kohlensäure) = Ca (gelöst) + $2HCO_3$ (Hydrogencarbonat). Kohlensäure löst das Kalziumkarbonat des Kalksteins auf.

Höhlen werden ins Gestein gefressen

Während wir der Karies durch eine andere Ernährungsweise und durch ständiges Zähneputzen Einhalt gebieten können, schreitet die Verkarstung der Gesteine unaufhörlich voran. Und je größer die Löcher werden, umso mehr Wasser kann wiederum eindringen und seine zerstörerische Wirkung entfalten. Mit der Zeit hat das versickernde Wasser Gänge, Hohlräume, ja ganze Gewölbe sowie verästelte, labyrinthartige Höhlensysteme ins Gestein gefressen. In diesen verteilt sich das immer wieder und immer weiter eindringende Wasser und es bilden sich unterirdische Wasserläufe, deren Fließkraft ebenfalls zur fortgesetzten Höhlenbildung beitragen. Experten sprechen dabei von einem eigenen Wasserkreislauf des Karstes.

Zum Glück bleibt das unseren Zähnen bei regelmäßiger Pflege erspart. Zwar hat der Karst kein Putzmittel - dafür aber ein Druckmittel. Denn dringt weiter Wasser in das unterirdische Labyrinth ein, gibt es eine Überschwemmung, mit dem Ergebnis, dass das überschüssige Wasser einfach wieder an die Oberfläche gedrückt wird. Dieses kommt dann als Quelle („Karstquelle“) oder auch als ganzer See („Karstsee“) zum Vorschein (siehe folgende Grafik von: aufwind Group – creative solutions).

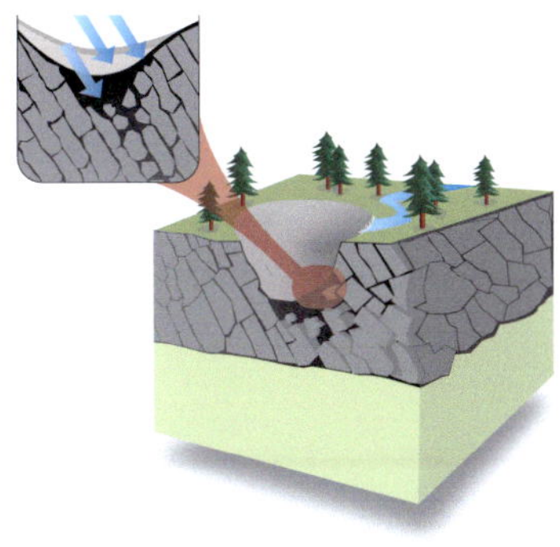

Der Unterhöhlung sind aber auch durch die Schwerkraft Grenzen gesetzt und es kommt zu Einstürzen. Die Hohlräume brechen zusammen und reißen dabei Erde mit in die Tiefe. Löcher, Senken und Erdfälle entstehen, die der Erdoberfläche einen wellenartigen, unruhigen Charakter verleihen. Von alters her haben sich Feldfluren und Wege diesen Verwerfungen angepasst. Heute wissen Wanderfreunde und Ausflügler diese Gegend wegen ihrer Anmut, Verspieltheit und ihrem von den vielen Rundungen ausgehenden Zauber zu schätzen.

Kehren wir zurück zum Eichener See. Auch der See liegt in einem Karstgebiet, einer Landschaft namens Dinkelberg, die überwiegend aus Muschelkalk besteht und durch Karstvorgänge unterhöhlt ist, die zu Erdfällen und anderen Einsturzereignissen geführt haben. Der See befindet sich in einem solchen Erdfall. Man spricht hier von Senke, Mulde oder Wanne - einer sogenannten Doline, die auch Karsttrichter oder Karstwanne genannt wird. Das Wort Doline ist der slawischen Sprache entnommen (dolina = Tal). Beim Eichene See wird sogar von einer großen Schlüsseldoline gesprochen. Wie für Karstgebiete typisch, ist die „Eichener Seedoline“ rund oder elliptisch.

Ständige Bedrohung durch Einstürze?

Wann und warum ein Einsturz oder Erdfall an dieser oder jener Stelle erfolgte, bleibt den Geologen und anderen Forschern verborgen. Dass aber solche

Einstürze immer wieder und auch heute noch vorkommen, zeigen historische und aktuelle Beispiele im nahe gelegenen Hasel, dem Ort der Erdmannshöhle (s. auch Seite 78). In den Jahren 1711, 1799 und 1800 sollen dumpfe Donnerschläge unterirdischer Einstürze die Einwohner erschreckt haben. Bei einem dieser Ereignisse versank vor den Augen des Pfarrers ein im Pfarrgarten stehender, stattlicher Zwetschgenbaum in die Tiefe und riss dabei ein Stück der Gartenmauer mit. An dieser Stelle gruben dann später Bergleute einen Schacht, stiegen hinunter und entdeckten Gänge, Höhlungen und sogar haushohe Gewölbe, die von einem rauschenden Bach durchflossen wurden.

Eine andere Geschichte erzählt vom Einsturz und dem Verschwinden des Schulhauses und auch einer Mühle in das dunkle, verborgene Schattenreich unter der Erde. Schreckensbleich soll einmal die Magd eines Bauern die Treppe hinaufgestürzt sein, als sie beim Kartoffelholen im Keller mit Entsetzen zusehen musste, wie ihr die Kartoffeln „davonrannten". Der letzte innerörtliche Fall ereignete sich im Jahre 1995, als ein sieben Meter tiefer Erdeinbruch in der Garageneinfahrt eines Hauses Eigentümer und Nachbarn erschreckte. Zum Glück kam niemand zu schaden oder wurde verletzt.

So ist alles in Bewegung und niemand kann voraussagen, was heute oder in Zukunft geschieht. Auch beim Eichener See nicht, unter dem sich weiterhin Hohlräume, durchlässige Kalkschichten und Wasserlabyrinthe verbergen, die sich jeder Zeit verändern und auch einbrechen können. Wenn die Verkarstung des Gebietes weiter voranschreitet, ist irgendwann der Tag nahe, an dem das Seegebiet weiter einsinkt und so das Erscheinen des Sees unmöglich macht. Doch noch kommt immer wieder mal Wasser an die Oberfläche und flutet das Gebiet... Warum?

Das Mysterium des Erscheinens

Vielschichtige Erklärungsversuche

Mal ist er da, bleibt für einige Wochen und Monate, dann ist er wieder weg und verschwindet spurlos - und das für Jahre. Woher kommt das Wasser und wohin fließt es ab? Wer oder was ist dafür verantwortlich? Diese und andere Fragen beschäftigen die Menschen seit Anbeginn der „Eichener See-Zeitrechnung". Die Palette der Erklärungsversuche reicht dabei von den Naturwissenschaften wie Geologie und Hydrologie bis hin zu mystischen Legenden.

Die Rache der Erdmännchen

Eine dramatische Erklärung für das mysteriöse Erscheinen ihres „Eiemer Sees" haben die Eichener selbst. Der Sage nach versprach ein Eichener Bauer den Erdmännchen im Berg in einem sehr trockenen Sommer seine Tochter, wenn sie seine Felder immer ausreichend bewässerten. Doch die Tochter wollte mit ihrem Geliebten fliehen, bevor die Erdmännchen sie holten. Auf der Eichener Höhe nahmen die beiden Abschied von ihrer Heimat, als blitzartig das Wasser hervorschoss, die Liebenden ertränkte und alle Felder des Bauern fortschwemmte. An diese populäre Erzählung wird immer noch gerne angeknüpft. Denn wenn der See erscheint, sprechen die Menschen davon, dass die Erdmännchen an das unerlöste Versprechen und den „Verrat" erinnern wollen.

Ein weiteres Märchen erzählt davon, dass sich in der „Hohen Möhr", einem Berg in Sichtweite des Sees, ein bösartiger, unterirdischer See befindet, der mit dem Ausbruch drohe. Diesen geheimnisvollen Wasserschatz würden Erdmännlein hüten und ihn nach ihrem eigenen Ermessen regeln. Der Überfluss des Wassers werde jedoch von den guten Berggeistern auf verborgene Wege abgeleitet, aus denen sich dann der Eichener See bilde.

Unangenehme Überraschung

War der See fort, wurde sein Bett früher, bevor es als Naturdenkmal eingestuft wurde, als Acker- und Wiesenland genutzt, das einen reichen Ertrag erbrachte. Bei der Ernte soll der See jedoch schon für unangenehme Überraschungen gesorgt haben. Als die Leute von ihrer Mittagszeit von zu Hause zurückkehrten, war der See urplötzlich „hervorgezaubert" und das Heu schwamm lustig auf dem Wasser dahin.

Wer nicht an Erdmännchen oder andere immaterielle Erscheinungen glaubt, muss sich der materialistisch-wissenschaftlichen Betrachtungsweise und eigener Beobachtung bedienen. Das klingt jedoch einfacher als gedacht, da das Phänomen Eichener See meist unsichtbar ist und sich den Augen des Betrachters und Forschenden entzieht. Damit ist auch der Spekulation Tür und Tor geöffnet.

Häcksel tauchen in Dossenbach auf

Eine erste, ernst zu nehmende Erklärung liefert uns der Theologe, Lehrer und Autor Karl Gustav Fecht (1813 - 1891) in seiner breiten Abhandlung mit dem Titel: „Die Großherzogl.-Badischen Amts-Bezirke Waldshut, Säckingen, Lörrach, Schopfheim“ aus dem Jahre 1859. Das Werk von Fecht, der auch das Märchen „Das Bergfräulein des Feldberges“ verfasst hat, enthält eine landeskundliche Beschreibung der Amtsbezirke sowie einzelner Gemeinden, ihrer Einwohner, Wirtschaft und Lokalgeschichte.

Über den See schreibt er: *„Ein 8-10 Morgen großer Wasserkessel, an dessen tiefster Stelle nach heftigen Gewitterregen in den Gebirgen Wasser austritt, welches oft in kurzer Zeit das ganze Becken des Kessels füllt, und so tief wird, daß es weit über die Höhe eines Menschen steigt. Bei anhaltend trockener Witterung entleert sich das Wasser auf dem Wege, auf dem es gekommen ist, und der See wird mit Getreide angepflanzt oder als Wiesland benutzt.“*

Karl Gustav Fecht

Nach Fecht, der sich besondere Verdienste um die Geschichte der Stadt Durlach - bis 1781 Residenzstadt der Markgrafschaft Baden-Durlach, heute Stadtteil von Karlsruhe - erworben hat, müsse das Phänomen mit den unterirdischen Höhlen und Flächen des Kalkgebietes und den dort befindlichen Steinsalzlagern zusammenhängen. Dafür sprechen die Einsenkungen der Oberfläche als Folge innerer Auflösung durch Wasser. In die gleiche Richtung deutet, dass die Brunnen in Eichen sowie der Bachpegel beim nicht weit von Eichen entfernt liegenden Dorf Dossenbach mit der Zu- und Abnahme des Sees ebenfalls steigen und fallen. Näheres sei, nach Fecht, über den Abfluss des Wassers nicht bekannt, jedoch hätten ältere einheimische Leute davon berichtet, dass Häcksel, den man in das abfließende Wasser des Sees geworfen hätte, in dem bei Dossenbach entspringenden Bach wieder aufgetaucht sei.

Er vermutete auch, dass der See nach und nach austrocknen müsste. Auf diesen Gedanken wäre er acht Jahre später nicht gekommen, als der See 1867 einen seiner höchsten Stände erreicht haben soll. Das jedenfalls berichtet Eberlin in seiner berühmten Schopfheimer Stadtchronik aus dem Jahre 1878.

Vermutungen, Behauptungen und Thesen

Speisung durch einen unterirdischen Bach

Der von Fecht aus dem Jahre 1859 stammenden Deutung folgten in den nächsten Jahren und Jahrzehnten weitere Erklärungsversuche für das Phänomen Eichener See. Dabei spalteten sich die Expertenmeinungen in mehrere Lager auf. Während die einen behaupten, dass der See durch Oberflächenwasser gebildet wird, das von dem höher gelegenen Gebiet dem Seeboden zufließt und von einer wasserundurchlässigen Schicht aufgefangen wird, vertreten andere die Ansicht, dass der See nur auf das Ansteigen des Grundwassers zurückzuführen sei (Grundwassertheorie). Dritte wiederum ziehen beide Varianten in Betracht. Auch ein Bach, der von der Hohen Möhr kommt, unter dem See durchfließt und bei starker Strömung teilweise nach oben gelangt, wurde in Erwägung gezogen.

Gänzlich unbewiesen sind Vermutungen, dass der Eichener See mit der benachbarten Erdmannshöhle in Hasel verbunden ist und der in dieser Höhle fließende Bach vom See stamme.

Eberlin-Stadtchronik der Stadt Schopfheim

Ein weiterer Erklärungsversuch kann bereits in der *Eberlin-Stadtchronik der Stadt Schopfheim** nachgelesen werden. Danach soll der See seinen Zufluss von der nahe gelegenen Hohen Möhr sowie vom Glashüttenkopf bei Hasel erhalten. Das Wasser ströme dabei durch einen unterirdischen Bach, der in ungewisser Tiefe unter dem Seebecken in Richtung Dossenbach fließt. In nassen Jahren, in Folge von großen Gewitterniederschlägen, kann dann das unterirdische Bachbett die bedeutenden Wassermassen nicht mehr fassen, so dass *„der Überschuss emporgetrieben wird und im See austritt“*. Dabei verweist Eberlin auf Einsenkungen in der Nähe des Örtchens Dossenbach, die sich im Jahre 1867, als der See einen hohen Wasserstand aufwies, mit Wasser füllten. Das Wasser strömte dabei mit solcher Stärke aus dem Kalkfeld hervor, dass die Bewohner im Stande waren, damit eine Mühle zu betreiben.

Ein Grundwasserstau drückt die Wassermassen nach oben

Der Eberlin-These aus der gleichnamigen Chronik schließt sich der Schopfheimer Forstpraktikant Knierer in seiner Abhandlung „Vom Eichener See“

*Die **Stadtchronik von August Christian Eberlin** aus dem Jahre 1878 ist eine wertvolle und einmalige Chronik, die die Geschichte der Stadt Schopfheim sowie der umliegenden Gemeinden in ausführlicher Weise beschreibt.*

Großen Wert legt der Chronist, der zwischen 1876 und 1887 als evangelischer Stadtpfarrer wirkte, dabei auf die Schilderung der politischen, kulturellen, wirtschaftlichen und sozialen Zustände und Verhältnisse. Er selbst sah seine Chronik als Beitrag zur Vaterlandsliebe: „Möge sie dazu beitragen, die Liebe zu Stadt und Gemeinwesen, Heimat, Fürst und Vaterland zu fördern." Bei seinem Tod im Jahre 1887 schrieb das Markgräfler Tagblatt: „Mit August Eberlin ist ein Mann hingegangen, dem in der Geschichte Schopfheims ein goldenes Blatt gewidmet ist." Sein Grab befindet sich auf dem Schopfheimer Friedhof.

an, erschienen in den Monatsblättern des Badischen Schwarzwaldvereins Nr. 11/1889. Auf Basis einer von ihm erstellten Höhenschichtaufnahme und der Wassermassen des Eichener Sees widerlegte er die Annahme, dass der See nur durch die aus seinem Niederschlagsgebiet zusammenfließenden meteorologischen Niederschlägen entstehen könnte.

Auch einen Zusammenhang mit der Erdmannshöhle schloss er aus, so dass nur der Zufluss von der Hohen Möhr infrage käme. Die Höhe des Sees und seine Wassermassen wurden damals durch einen Pegel ermittelt, der an der tiefsten Stelle des Seebeckens errichtet worden war. In der Zeit der Arbeit von Knierer wurde dieser erneuert. Auch wurde damals bereits das Wasser des Sees mit chemischen Methoden untersucht.

Die Ansicht von Knierer über den Zu- und Abfluss des Sees übernahm auch der bekannte Geologe und Prähistoriker Johannes Ernst Wilhelm Deecke (1862 - 1934). In einer 1918 veröffentlichten Arbeit verwies der damalige Direktor der Badischen Geologischen Landesanstalt in Karlsruhe darauf, dass reichliche Niederschläge nicht ausreichen würden, sondern dass *„eine starke Füllung der unterirdischen Hohlräume im Muschelkalk und auch ein ungenügender Ablauf durch einige Felskanäle nach Art der Tschamberhöhle den Grundwasserstand des Eichener Plateaus derart heben, dass er in der Doline sichtbar wird“*.

Diese These wurde über 60 Jahre später in einer von Gustav Albiez im Jahre 1931 vorgelegten Doktorarbeit „Die Tektonik des östlichen Dinkelberges und der Eichener See“ angefochten. Der aus Laufenburg stammende Heimatforscher, der sich auch der Geschichte des südbadischen Bergbaus widmete, war der Meinung, dass es einen sogenannten Grundwasserstau gibt, der ca. 40 Meter unter dem Seeboden liegt. Von hier werden die Wassermassen bei einem Ansteigen des Grundwassers infolge langanhaltender Niederschläge in das Seebecken hochgedrückt.

Damit hat Albiez weitere Erklärungen für das Phänomen Eichener See gefunden und auch die bisherigen Vorstellungen präzisiert. Obwohl er den Ergebnissen des Forstpraktikanten Knierer teilweise widerspricht, stimmt er mit ihm in der Frage überein, dass der See nicht allein von der Ansammlung von Niederschlägen gespeist werden könne, sondern auch unterirdische Zuflüsse besitzen müsse. Jedoch käme das Wasser, wie chemische Untersuchungen des Seewassers ergaben, nicht von der Hohen Möhr oder habe dessen Muschelkalk durchflossen.

In seiner Arbeit macht er auf eine weitere Doline aufmerksam, die nur wenige Meter vom Eichener See entfernt, am Rande der zwischen Schopfheim und Wehr verlaufenden Landstraße, liegt. Diese soll um 4,5 Meter tiefer liegen und selten Wasser enthalten. Dass dieser „2. Eichener See“ existiert, hat auch Prof. Werner Käß beobachtet, der den See im Auftrag des Geologischen Landesamtes Freiburg (heute Landesamt für Geologie, Rohstoffe und Bergbau im Regierungspräsidium Freiburg) untersucht und auch Färbungsversuche unternommen hat (s. Seite 66).

Ton verhindert Abfließen des Wassers

Mit seiner Erkenntnis des Vorhandenseins eines „Grundwasserstauers" war Gustav Albiez seiner Zeit weit voraus. Als Grundwasserstauer werden Schichten bezeichnet, die das Wasser daran hindern, tiefer zu versickern, so dass es gezwungen wird, oberhalb der stauenden Schichten zu fließen. Dafür verantwortlich sind Gesteine, die sehr kleine oder kaum zusammenhängende Poren aufweisen. Über genau diese Eigenschaften verfügt der Ton, der sich durch einen über Jahrmillionen dauernden Auflösungsprozess des Muschelkalkes gebildet und sich als Schicht auf dem Grundgestein abgelagert hat. Diese Lehmfüllung des Untergrundes ist nun dafür verantwortlich, dass das einfließende Hang- und Schmelzwasser nicht weiter in die Tiefe abfließen kann und bei Überdruck bzw. Überschwemmung an die Oberfläche gedrückt wird.

Tiefenpegel gewährt Einblick in die unterirdischen Grundwasserverhältnisse

Die Tiefe des Grundwasserstaus, also der Stand, wo sich das Grundwasser gerade befindet, ist Indikator dafür, wann der See wieder an die Oberfläche kommt und die Mulde füllt. Diese Erkenntnis hat dazu geführt, dass im Jahre 1968 das Geologische Landesamt Freiburg eine ca. 50 Meter tiefe Untersuchungsbohrung am südwestlichen Rand des Seegeländes vorgenommen hat. Mit Hilfe eines Kabellichtlotmessgerätes, das auch heute noch zur Messung genutzt wird, konnte der aktuelle Stand des Grundwasserspiegels bzw. des unterirdischen Strauriegels gemessen und damit ein Einblick in die unterirdischen Grundwasserverhältnisse gewonnen werden. Fast 10 Jahre lang wurden die Wasserstände über diese Bohrung sowie die Seewasserhöhen des in der Mitte der Seemulde angebrachten Pegels (bei Vorhandensein des Sees) ermittelt.

Die Untersuchungen brachten die Erkenntnis, dass der See eindeutig mit dem Grundwasser korrespondiere. Das Auf und Ab des Seepegels hinkt dem Pegel des Grundwasserspiegels um einige Dezimeter hinterher. Das wird auf die Lehmschicht zurückgeführt, die sich wenige Meter unter der Oberfläche befindet und den Wasserausgleich hemmt, quasi wie ein Puffer wirkt. Diese ca. 7 cm dicke Lehmschicht sei jedoch nicht völlig undurchlässig, so dass in niederschlagsarmen Zeiten die Versickerung fortschreiten und bei wärmerem Wetter die vollständige Eintrocknung erfolgen kann.

Basler Höhlenforscher versuchen, das Geheimnis zu lüften

Neben dem Freiburger Amt hat sich auch eine Gesellschaft in Basel um die Aufklärung des Phänomens Eichener See bemüht: Der Höhlenforschungsclub „Spelos“. In der gleichnamigen Zeitschrift des „Privaten Höhlenforschungsclub Basel“ wird im Heft 1/1965 an der Erklärung, wie sie Albiez vertritt, festgehalten; ebenso an der Aussage, der bei Dossenbach entspringende starke Höhlenbach sei ein „Teilausfluss des Eichener Sees“. Ein weiterer Teil des Wassers fließe direkt in einem unterirdischen Grundwasserstrom dem Rhein zu. Untermauert wird die Behauptung mit einem Verweis auf eigene hydrologische Untersuchungen. Die Versuche mit Wasserfärbungen, die der Club zweimal durchführte, brachten jedoch kein eindeutiges Ergebnis. Doch wurde durch die Wasseranalysen immerhin der Beweis erbracht, dass das Seewasser ganz aus der näheren Seeumgebung stammen müsse, da es fast keine gelösten Substanzen enthalte.

SPELOS
Zeitschrift des Privaten Höhlenforschungs-Club Basel

Färbungsversuche

Das Einbringen von Substanzen an einer zentralen Stelle stellt ein erprobtes Mittel dar, die Ströme des Wassers zu verfolgen. Dabei stehen vor allem folgende Fragen im Vordergrund: Wohin geht es, welche Richtung schlägt es dabei ein und welchen Ausgang nimmt es? Das Einbringen von Häcksel im 19. Jahrhundert war der erste Versuch, die Ströme des Wassers des Eichener Sees zu verfolgen. In der heutigen Zeit werden dafür Farbstoffe eingesetzt. Das Wasser wird mit ungefährlichen Spezialfarben oder Salzen versetzt, in Bohrlöcher geschüttet und dann beobachtet, an welchen Stellen es wieder austritt. Gleichzeitig wird bestimmt, wie lange es dauert, bis das markierte Wasser erscheint. So werden Grundwasserwege und -geschwindigkeiten bestimmt. Dieses Verfahren wird in der Hydrologie, also Gewässerkunde, Tracertechnik genannt.

Die Höhlenforscher aus Basel waren mit die ersten, die diese Methode einsetzten, allerdings ohne Erfolg. Etwa 10 Jahre später wiederholte das Geologische Landesamt Freiburg die Färbungsversuche, indem Farbe in das Grundwasser durch den 40 Meter tiefen Tiefenpegel eingebracht wurde.

Prof. Werner Käß Leiter der Untersuchungen des Geologischen Landesamtes Freiburg

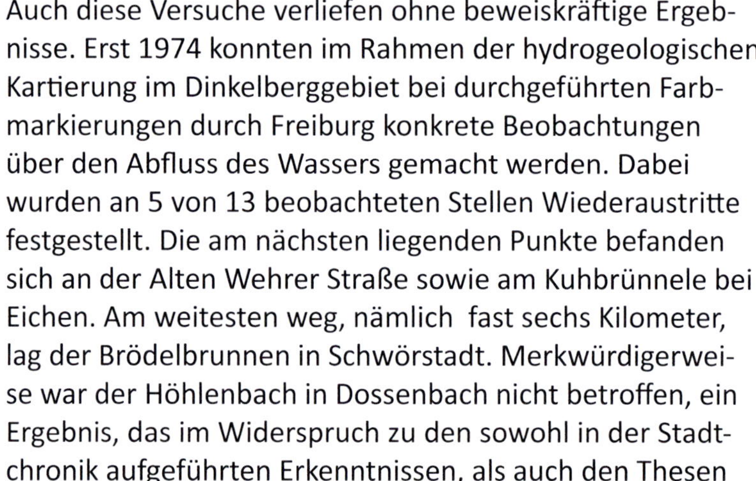

Auch diese Versuche verliefen ohne beweiskräftige Ergebnisse. Erst 1974 konnten im Rahmen der hydrogeologischen Kartierung im Dinkelberggebiet bei durchgeführten Farbmarkierungen durch Freiburg konkrete Beobachtungen über den Abfluss des Wassers gemacht werden. Dabei wurden an 5 von 13 beobachteten Stellen Wiederaustritte festgestellt. Die am nächsten liegenden Punkte befanden sich an der Alten Wehrer Straße sowie am Kuhbrünnele bei Eichen. Am weitesten weg, nämlich fast sechs Kilometer, lag der Brödelbrunnen in Schwörstadt. Merkwürdigerweise war der Höhlenbach in Dossenbach nicht betroffen, ein Ergebnis, das im Widerspruch zu den sowohl in der Stadtchronik aufgeführten Erkenntnissen, als auch den Thesen des Forstpraktikanten Knierer und Forschers Albiez steht. Ebenso wenig passt dieses Resultat zu den Beobachtungen von Fecht über das Austreten von eingebrachten Häckseln und zu den Erkenntnissen des Basler Höhlenforschungsclubs.

Veröffentlichung der Forschungen des Geologischen Landesamtes Freiburg zum Eichener See, Autoren: Dr. Fischbeck, Dr. Hüttner, Prof. Dr. Käß, in: „Berichte der Naturforschenden Gesellschaft zu Freiburg" 2016

Resümee

Warum und wann füllt sich der See?

Das Phänomen des Auftauchens des Sees ist heute inzwischen geklärt. Der See tritt an seine Oberfläche aufgrund des Ansteigens seines Grundwassers, das sich über undurchlässigen Schichten - der sogenannten Grundwasserstauer - befindet. Dort „steht" es in einem Labyrinth von durchlässigen und zerklüfteten Kalkschichten, Höhlen und Gängen, die zusammen ein eigenes System - einen Wasserkreislauf des Karstgebietes - bilden. Dieses ist wiederum Teil eines größeren Systems, das mit den umliegenden Gebieten, so den Hängen am Eichener See, in enger Verbindung und in ständigem Austausch steht.

Regnet es nun lange und/oder stark und schmilzt dazu noch Schnee, so füllt sich dieses zerklüftete Wasser-Labyrinth, bis es „voll", sprich gesättigt ist. Dabei fließt auch Wasser von der Umgebung (Oberflächen- und Grundwasser) über den Rand der „Lehmschüssel" in die Seewanne ein. Die unterirdischen Bäche führen dann gewissermaßen Hochwasser. Dieses staut sich, da die Abflüsse das Wasser nicht mehr zu fassen vermögen bzw. das Wasser nicht mehr versickern kann. Zu diesem Zeitpunkt hat der durch das Kabellichtlot gemessene Wasserspiegel im Pegelrohr der erwähnten Untersuchungsbohrung die 39 Meter überschritten: ein Wert, bei dem der See erfahrungsgemäß austritt. Das Wasser drückt nunmehr durch die Kalkschichten des Muschelkalkes, bis es an die Oberfläche gelangt und regelrecht zwischen den Grashalmen hervorsprudelt. An der flachsten Stelle des Sees, in der der Messpegel eingesetzt ist, zeigen sich dann kleinere Vernässungen, die sich schnell zu einer immer größer werdenden Wasserfläche ausdehnen. Die Mulde füllt sich.

Das Austreten des Wassers erfolgt in der Regel sehr schnell. Pro Tag kann es bis 14 cm steigen. Nach zwei bis fünf Wochen ist dann der höchste Wasserstand erreicht, der bis zu drei Meter betragen kann. Dann sind etwa 2 1/2 ha Land unter Wasser gesetzt. Die Wasserfläche kann eine Länge von 230 bis 250 Meter und eine Breite von 120 bis 140 Meter annehmen, das entspricht einem Wasservolumen von ca. 30.000 Kubikmetern - etwa das Hundertfache des Tankinhalts eines Jumbo-Jets der Marke Boeing 747.

Bevorzugte Jahreszeit für das Auftreten des Sees sind die Monate März und April, also Zeitpunkte, an denen die Schneeschmelze eintritt und auch starke Niederschläge zu erwarten sind.

Ist der See da, zeigen sich im nahen Umkreis einige Quellen und Abflüsse. So können Wasseraustritte auf der Alten Wehrer Straße und an der Hanglage in Richtung Dorf beim Sportplatz beobachtet werden.

Versickerung - wohin?

Während das Warum des Auftauchens einigermaßen geklärt ist, birgt das Verschwinden noch immer einige Geheimnisse. Jedenfalls geht das Sinken des Wasserstandes bzw. der Abfluss des Wassers im Vergleich zum Austreten sehr langsam vor sich. So können mehrere Wochen vergehen, bis der See gänzlich verschwindet. Teils verdunstet das Wasser direkt oder indirekt durch die Transpiration der Pflanzen. Der größere Teil des Wassers verlässt den See durch den Erdboden und fließt aufgrund der geringer werdenden hydrologischen Druckverhältnisse in das unterirdische Labyrinth zurück. Entscheidende Faktoren sind dabei die Speicherfähigkeit des Bodens und die Durchlässigkeit der unterirdischen Hohlräume. Zusätzliche Entwässerungswege bieten die genannten Quellen und Abflussstellen, wo sich das Wasser bereits einen Weg nach Außen gebahnt hat.

Ob, wann und wie das Wasser auch an noch weiter entfernt liegenden Orten abfließt, müssen weitere Untersuchungen klären.

Info-Tafel am Eichener See

Um Besucher über den See zu informieren, wurde 2011 am Rand des Eichener Sees eine neue Info-Tafel aufgestellt. Sie wurde auf Initiative der Unteren Naturschutzbehörde des Landratsamts Lörrach und des ehrenamtlich tätigen Naturschutzwarts Hartmut Heise (s. folgende Seite) entworfen. Ergänzend liegt ein Faltblatt mit den wichtigsten Informationen über den See aus.

Faltblatt des Landkreises Lörrach und Info-Tafel am See

Hartmut Heise: Der Hüter des Eichener Sees

Kommt der See - oder kommt er nicht? Diese Frage kann am besten keiner beantworten: Hartmut Heise, ehrenamtlicher Naturschutzwart des Landkreises Lörrach. Einmal in der Woche stattet er dem See einen Besuch ab und misst regelmäßig den Pegel des Grundwasserspiegels in der Karstwanne - und das bereits seit vielen Jahren. Dazu verwendet er ein Lichtlotmessgerät. „Ich kann damit sagen, ob in 2 bis 3 Tagen der See wieder da ist", beschreibt Heise, Jahrgang 1945, seine Messungen. Gleichzeitig nimmt er mit einem Behälter Wasserproben und bestimmt dann zu Hause ph-Wert, Leitfähigkeit und Temperatur. Das Ergebnis: Meist ist das Wasser glasklar und besitzt eine Temperatur von 10 - 11 Grad.

Hartmut Heise bei der Messung

Der Schopfheimer, der bis 2006 als Mess- und Regelautomatiker bei der Firma Novartis in Basel tätig war, kennt den Eichener See und sein Naturschauspiel in- und auswendig. Besonders am Herzen liegt ihm seit vielen Jahren die Erforschung des Kiemenfußkrebses. Hier hat er sich um seinen Schutz verdient gemacht. Heises Initiative ist es auch zu verdanken, dass am Eichener See eine Info-Tafel steht, die die Besucher über den See sowie den Kiemenfußkrebs informiert.

Schon als Jugendlicher war er vom See begeistert und hatte sich riesig gefreut, sobald er wieder aufgetaucht war. Im Winter, wenn der See zugefroren war, sei er viel auf dem Eis gewesen, erinnert sich Heise. Heute bietet er Interessierten Führungen an und klärt sie über das Phänomen Eichener See auf. Seine enge Verbundenheit mit dem See scheint sich kurioserweise auch in seinem Namen niedergeschlagen zu haben.
Heise: Der **H**.üter des **Ei**.chener **Se**.es. Nomen est Omen!

Eichener See: Tierkinderstube für Rostgänse

Eine magische Anziehungskraft scheint der Eichener See auf fremde Gäste auszuüben. Nicht nur Menschen kommen von weit und fern, um das Erscheinen des Sees zu bewundern, auch in der Tierwelt ist der See als besonderes Anflugsziel beliebt. So tummeln sich Enten, Gänse und andere Vogelarten auf dem Wasser oder an seinem Ufer. Eine Tierart, die sich seit einigen Jahren immer wieder mal an diesem Ort niederlässt, ist die Rostgans. Hier sucht sich die vorwiegend in Asien verbreitete Gänseart einen Nist- und Brutplatz und eine Kinderstube für ihren Nachwuchs.

Zum ersten Mal erreichte ein Rostgänsepaar 2001 die Gemeinde Eichen. Das Paar landete flugs bei der Zimmerei Mäder, wo es sich im Schleiereulenkasten im Dachfirst einnistete. „Wir waren alle sehr erstaunt darüber, denn wir kannten diese Vögel nicht“, berichtet Zimmermann Bernhard Mäder von seinen neuen Bewohnern. Vier Wochen später war es dann soweit: 10 kleine Rostgänse erblickten das Licht der Welt. „Nach zwei Tagen“, so Mäder, „schrie plötzlich die Alte, sprang aus einer Höhe von 10 Metern nach unten und alle Kinder folgten ihr hinterher.“

Bernhard Mäder in seiner Werkstatt an der Alten Wehrer Straße

Mäder fing die auf der Straße umher hüpfenden Kleinen ein, verfrachtete sie auf einen Handkarren und kutschierte die kreischende Tierkinderschar, begleitet von den fliegenden Eltern, an den See. Ihr Zuzug blieb nicht unbemerkt. Um diese seltenen Vögel zu schützen, sperrte die Stadt kurzerhand das Gebiet um den See ab.

Ein Jahr später, wiederum im Mai, suchte sich erneut ein Paar den gleichen Nistplatz aus. Diesmal konnte Herr Mäder jedoch die geschlüpften Jungvögel nicht an den See schaffen, da das Gewässer in diesem Jahr nicht erschienen war. So brachte er sie zu einem Weiher des Golfplatzes in Schopfheim-Fahrnau. Zwei Jahre danach kam wiederum ein Paar. Es wählte jedoch diesmal als Brutplatz den Turmfalkenkasten der Kirche neben der Zimmerei.

Später wurde die Rostgansfamilie im Freibad gesichtet. Tierschützer brachten sie daraufhin an die Wiese runter. Und am 30. April 2006 berichtete die lokale Presse: „Der Eichener See freut sich über Gäste - nicht nur über die Menschen, die zu ihm pilgern, sondern auch über die Rostgänse, die wieder auf dem Gewässer schwimmen."

Tödliche Aggressivität

Trotz ihres Schutzbedarfes stellen diese Wasservögel jedoch eine Gefährdung heimischer Tierarten dar. So vertreiben sie rigoros Enten, Blesshühner und andere Arten während ihrer Brutzeit. Das geht sogar soweit, dass sie die störenden Tiere töten. Dieses aggressive und kunkurrenzstarke Verhalten hat dazu geführt, dass in der Schweiz, speziell im Kanton Aargau, wo die größten Rostgansansammlungen am Klingnauer Stausee festgestellt wurden, Maßnahmen beschlossen wurden, um die weitere Ausbreitung der Rostgans zu verhindern und deren Bestände zu reduzieren.

<u>Gans oder Ente?</u>

Rostgänse zählen zur Unterfamilie der Halbgänse und stehen in ihren Merkmalen zwischen den echten Gänsen und den typischen Enten. Ihren Namen verdanken sie ihrer rostbraunen Körperfärbung. Wie bei echten Gänsen sind Männchen und Weibchen sehr ähnlich gefärbt. Das Männchen unterscheidet sich nur durch einen schmalen schwarzen Halsring vom Weibchen. Die Rostgans stammt eigentlich aus Zentral- und Südost-Asien. Nach Europa kamen sie zuerst als Ziervögel, dann als verwilderte Gefangenschaftsflüchtlinge aus Zoos und Tierparks.

Der Dinkelberg
- ein Gebirgszug mit Charakter

Die Heimat des Eichener Sees

Ihn ein Bergmassiv zu nennen, wäre fast übertrieben, denn seine höchste Erhebung, die Hohe Flum, ist gerade mal 535 Meter hoch. Ein Gebirge ist er auch nicht, denn es sind nur geringe Höhenunterschiede auf der Hochebene vorhanden. Außerdem fehlt ein Gebirgsfluss. Auch der „Dinkel" im Namen ist nur eine Reminiszenz, eine Hommage an das früher hier angebaute Dinkelkorn, auch „Schwabenkorn" genannt. Besser passen würde: Eine Landschaftsinsel und ein Hochplateau mit ganz eigenen Zügen.

Der im Südwesten Deutschlands beheimatete, zwischen drei Tälern liegende Gebirgszug (dem Wiesental im Westen und Norden, dem Hochrheintal im Süden und dem Wehratal im Osten) steckt voller Geheimnisse, die sich meist nur in seiner Tiefe offenbaren.

Besonders vier geologische Merkwürdigkeiten, die in die Kategorie Naturdenkmäler eingestuft wurden, haben diese einzigartige Landschaftsinsel zwischen Rhein und Schwarzwald berühmt gemacht: Der periodisch auftretende, mystische **Eichener See** bei Schopfheim, die voller Überraschungen steckende **Erdmannshöhle** in Hasel und die **Tschamberhöhle** in der Nähe des Schlosses Beuggen, auf dem der geheimnisumwitterte Erbprinz von Baden, Kaspar Hauser, jahrelang in einer kleinen dunklen Kammer unter der Erde eingekerkert gewesen sein soll. Dazu gesellt sich noch das tiefe, unheimliche Teufelsloch bei Oberschwaben.

Dinkelberg ist Karstgebiet

Allen vier gemeinsam ist ein Phänomen, das den Dinkelberg prägt und ihm seinen typischen Charakter verleiht: der Karst bzw. die Kalksteinformation. Dieser besteht überwiegend aus Muschelkalk, der durch Wasser aufgelöst bzw. zersetzt wird - mit weitreichenden Folgen. Die Erde darüber bricht ein und verformt die Oberfläche, oder Bäche versickern in Erdspalten und sprudeln kilometerweiter munter aus der Tiefe an die Oberfläche. Statt einem Gebirgsfluss befinden sich im Inneren des Berges unterirdische Wasseradern, die ähnlich einem Schweizer Käse das Gebirge durchlöchern und durchtunneln. Teils verzweigen sie zu ganzen Höhlensystemen und gestalten so eine einzigartige und auch unheimliche, gefährlich werdende Unterwelt. Eine bedrohlich wirkende Doppelbödigkeit, die schon für manch böse Überraschung für Mensch und Tier gesorgt hat. Diesen Erdeinbrüchen verdankt aber auch das Gebiet sein charakteristisches Oberflächenrelief, eine wellige, heimlich anmutende, an weibliche Formen erinnernde Landschaft, deren Ausstrahlung sich nur wenige entziehen können.

Traditionelle Streuobstwiesen: pestizidfrei

Auch die Oberfläche lockt neben ihrer typisch hügeligen, im Ergebnis der Erdeinbrüche entstandenen „Dolinenlandschaft“ mit Besonderheiten. So gibt es um die Dörfer am Dinkelberg noch zahlreiche, traditionelle Streuobstwiesen, die mit ihren hochstämmigen Obstbäumen von meist unterschiedlichen Alter, Arten und Sorten ein naturnahes, natürliches Gegengewicht zur heutigen, modernen Monokultur mit auf engstem Raum angepflanzten, niederstämmigen Obstsorten darstellen.

Naturnah und umweltverträglich gestaltet sich auf diesen, durch Menschen geschaffenen Kulturbiotopen, auch die Pflege der Bäume, die einen Verzicht auf synthetische Behandlungsmittel wie Pestizide und Dünger beinhaltet.

Die locker stehenden Bäume verfügen über genügend Platz, so dass eine Mehrfachnutzung als Grünland bzw. Mähwiese und/oder Viehweide für Rinder, Kühe oder Schafe oder auch als Garten ermöglicht wird. Dazwischen tummeln sich Insekten, Vögel und Kleinsäuger, die hier einen günstigen Lebensraum vorfinden. Ein besonderes Gepräge verleihen der hügeligen Landschaft auch viele markante Einzelbäume, die wie Leuchttürme in die Ferne strahlen und eine Signalwirkung ausüben.

Erhaltung Kulturgut „Streuobstwiese"

Früher waren Streuobstwiesen für die Versorgung der Bevölkerung unverzichtbar. Das Wissen um ihre Pflege und um die Verarbeitung des Obstes war fester Bestandteil der Lehre der Landwirtschaft und der Hauswirtschaft. Einen starken Rückgang der deutschen Streuobstwiesen verursachte am 15. Oktober 1953 der Emser Beschluss des Bundesernährungsministeriums in dem es heißt: „Für Hoch- und Halbstämme wird kein Platz mehr sein. Streuanbau, Straßenanbau und Mischkultur sind zu verwerfen". Um den Intensivobstanbau in Obstplantagen zu fördern, subventionierte die Europäische Gemeinschaft bis 1974 die Rodung von Hochstämmen der Streuobstsorten. Streuobstwiesen auf fruchtbareren Böden wurden in Obstplantagen umgewandelt. Eine drastische Reduktion der Streuobstflächen war die Folge. Auch im Zuge der Flurbereinigung und durch die Ausweisung von Bau- und Gewerbeflächen im Nahbereich der Ortschaften gingen in den letzten Jahrzehnten viele Streuobstwiesen verloren.

Erst Anfang/Mitte der 80iger Jahre erfolgte ein Paradigmenwechsel. Naturschützer, Landwirte, öffentliche Hand und Keltereien bemühten sich um Schutz und Förderung der Streuobstbestände in Deutschland, u.a. motiviert durch ihre Bedeutung für Landschaftspflege und Naturschutz. So spielen sie eine ganz wichtige Rolle für die Erhaltung der biologischen Vielfalt (Biodiversität) und als Genreservoir für seltene Lokalsorten. Auch Naherholung und Tourismus profitieren davon.

Durch B.U.N.D.-Gruppen in Oberschwaben und am Bodensee wurde eine Streuobst-Aufpreisvermarktung, ein Jahr später das NABU-Qualitätszeichen für Streuobstprodukte eingeführt und damit ein wichtiger Beitrag zur Erhalt des Kulturgutes „Streuobstwiese" geleistet.

„Dinkelberger Biergärdle“

Einkehr und phantastische Aussichten

Zahlreiche Höfe und Gaststätten auf dem Dinkelberg locken zum Einkehren und Verweilen, darunter der „Dinkelberg-Hof“ oder das „Dinkelberger Biergärdle“ bei Adelhausen, der als der schönste Biergarten im Südschwarzwald gilt. Eine Plattform für weitreichende Fernsichten und großartige Panoramen stellt der höchste Berg des Dinkelberges, die **Hohe Flum** mit ihrem 13,5 m hohen Aussichtsturm dar. Von hier aus bietet sich ein phantastischer Rundblick über den Dinkelberg, Teile des Südschwarzwaldes bis hin zu den Vogesen. Bei klarem Wetter kann man über den Schweizer Jura hinweg bis zu den Alpen blicken. Unterhalb des Turms lädt das Hotel-Restaurant Hohe Flum zur Einkehr ein und belohnt den Gast mit einem herrlichen Blick von seiner Terrasse auf Schopfheim und das Wiesental.

Die Hohe Flum wird oft mit der **Hohen Möhr** verwechselt, einem 985 m ü. M. liegenden Berg mit Aussichtsturm, der zwar von Schopfheim und Eichen aus in Sichtweite liegt, jedoch

Hohe Flum und Hohe Möhr - zwei ungleiche Türme

zum Zeller Bergland gezählt wird.

Von seinem 30 Meter hohen Aussichtsturm, der 1924 vom Schwarzwaldverein erbaut wurde, wird der Besteiger ebenfalls mit einem grandiosen Weitblick auf die Schweizer Alpenkette, den Jura und die Vogesen, sowie ins Wiesental, Rheintal, Wehratal und auf den Hotzenwald belohnt. Beide Höhen verbindet eine östliche Etappe des legendären Westweges (ca. 15 km) - des ca. 285 Kilometer langen Höhenwanderweges von Pforzheim nach Basel.

Zwei Dinkelbergmuseen

Zwei Museen widmen sich dem Dinkelberg. Erinnerungen an den früheren Lebens- und Arbeitsalltag der Menschen auf dem bäuerlich geprägten Dinkelberg verwahrt das **Dinkelbergmuseum** in Rheinfelden-Minseln. Bewundert werden können allerlei

Stoßkübel und Butterfässer im Dinkelbergmuseum Rheinfelden

Gerätschaften, Werkzeuge und Dinge des täglichen Lebens. Außerhalb des im Rathaus der Gemeinde untergebrachten Museums finden sich im „Museums-Stübli" eine Schuhmacherwerkstatt und Zimmermannswerkzeug und im „Museumsschopf" größere Gerätschaften.

Das zweite Museum nennt sich **„Geo-Museum Dinkelberg"** und

Urzeitsteine und Fossilien im Geo-Museum Dinkelberg

befindet sich im Ortsteil Karsau-Riedmatt von Rheinfelden, nahe der Tschamberhöhle. In zwei Räumen sind in einer Dauerausstellung über 100 Fossilien, Kristalle und Gesteine aus der Dinkelberg-Region zu bewundern. Die Exponate zeigen die wechselvolle Entwicklung der Landschaft in den letzten 290 Millionen Jahren, vom wüstenhaften Klima, über tropische Meeresküsten bis hin zur heutigen Zeit. Eine besondere Attraktion stellen Mammut-Oberschenkelknochen und ein Mammut-Stoßzahn dar.

Dinkelberglied von Manni Meister

Das Charisma des Dinkelberges bringt auf seine Weise der Liedermacher Manni Meister im „Dinkelberglied"

zum Ausdruck. In seinem, in alemannischer Sprache verfassten Lied besingt er die Schönheiten dieser Landschaft und ihr außergewöhnliches Flair, das auf die Menschen eine besondere Anziehung ausübt.

Im Refrain heißt es:
*„Schön liet de Dinkelberg in unserem Land, wo jede gern anegot
durch de Dinkel einst bekannt, wo hüt fascht keine me stoht."*

Eine eigene Strophe widmet er dem Eichener See sowie der Erdmanns- und Tschamberhöhle:

„Bi Schöpfe lit de Eiermer See, de kunt grad wie er will
tief usem Bode kuns Wasser, er vozellt nüt, isch e so still
Erdmanns un die Tschamberhöli bilde Tropfstei im Muschelkalk
liege im Berg scho tausendi Johr und bedeckt vo Wiese und Wald"

Ein sehenswertes Buch über den Dinkelberg (s. Seite 154)

Dinkelberg – Naherholungsgebiet im Dreiland

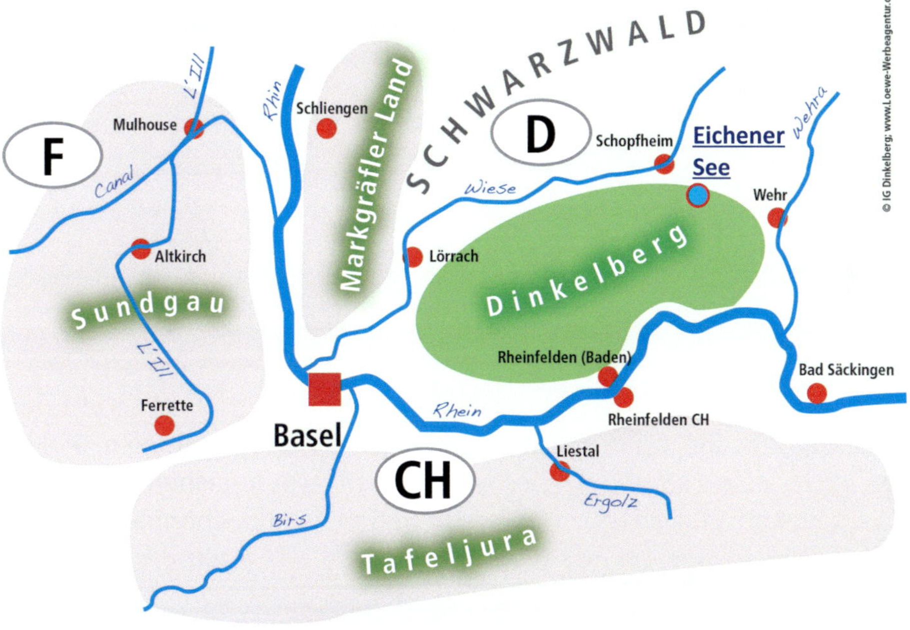

SCHWARZWALD · F · D · CH · Markgräfler Land · Sundgau · Dinkelberg · Tafeljura · Mulhouse · Altkirch · Ferrette · Schliengen · Lörrach · Schopfheim · Eichener See · Wehr · Rheinfelden (Baden) · Rheinfelden CH · Bad Säckingen · Basel · Liestal · Rhein · Wiese · Wehra · Ergolz · Birs · L'Ill · Canal

© IG Dinkelberg: www.Loewe-Werbeagentur.com

Gutes vom Dinkelberg · Erkunden, Erleben, Erholen, Genießen · Gutes vom Dinkelberg · Startseite · Kontakt · Partnerbereich · Suchen · Sitemap · Gemeinden · Gastronomie · Direkt ab Hof · Kunst-Handwerk · Dinkelberg erleben · Tourismus · Vereine · Medien · Zurück

Alles rund um den Dinkelberg: www.gutes-vom-dinkelberg.de

Erdmannshöhle in Hasel

Eine sagenumwobene Unterwelt in Nachbarschaft des Eichener Sees

Hasel - ein Ort ohne Durchgangsverkehr, Industrie und Supermarkt

In Hasel, einem kleinen Ort zwischen Wehr und Schopfheim im Kreis Lörrach, scheint die Welt noch stillzustehen. Die nur knapp 1.130 Einwohner zählende Gemeinde, gelegen am romantischen Haselbach, ist ohne Durchgangsverkehr, Industrie und Supermarkt. Verträumt und beschaulich zeigt sie sich den Besuchern und vermittelt ein naturnahes, ursprüngliches Erlebnis. Orts- und Bachname weisen auf einen Namensgeber hin, der schon bei den Germanen und Kelten hoch geschätzt war: die Hasel. In ihren Ausdrucksformen als Strauch, Rute oder Baum war sie wegen ihrem frühen Erblühen und ihrer Robustheit zu allen Zeiten ein Symbol für Leben, Fruchtbarkeit und Erneuerung. Der Hasel wurden Zauberkräfte zugesprochen. Sie galt als Wissens- und Kraftspender, regte die Sinnlichkeit an und bot Schutz vor Hexerei, Blitzschlag und Krankheiten. Aus ihr wurden und werden Wünschelruten geschnitten, mit denen Wasseradern sowie Erdstrahlen aufgespürt werden können. Haselgerten werden bei Fasnachtsbräuchen verwendet. Auch schnitzte man daraus Richterstäbe und Hirtenstöcke. Ihre Früchte, die Haselnüsse, bereichern seit Jahrtausenden den Speiseplan der Menschen und sind ein Leckerbissen für Eichhörnchen und Kinder.

Ein Haselstrauch soll auch in der Not helfen und Wünsche erfüllen, wie im Märchen „Aschenputtel“ der Gebrüder Grimm, als Aschenputtel einen Haselstrauchzweig auf das Grab ihrer Mutter pflanzt und ihr Leid klagt. Auf diesem lässt sich ein weißer Vogel nieder. Er wirft ihr ein prächtiges Kleid und mit Seide und Silber bestickte Pantoffeln hinunter. Damit kann sie auf das königliche Fest gehen und trifft dort ihren Prinzen.

Siebenmal gesegnet

Verewigt wurde die Hasel im Ortswappen der Gemeinde. Der grüne Haselstrauch mit seinen sieben Haselruten soll den Haslern sagen, dass, wie es der Heimat-Schriftsteller Gerhard Jung in seinem Buch „Zum Belchenwind“ (s. Seite 91) formuliert, „das Leben im alten Dorf siebenmal gesegnet ist“. Ein wichtiger Aspekt des Haselstrauches ist der Schutz vor chaotischen Kräften aus dem Jenseits, vor Feuer, Einbruch und Blitzschlag.

Diesen Schutz hatten der Ort und seine Bewohner dringend nötig. Denn unter der Erde tut sich ein Reich auf, das unheimlich, unberechenbar und auch gefährlich ist: Höhlen, Spalten und Hohlräume, die jederzeit zusammenbrechen können. Sie sind ein Ergebnis der Verkarstung des Gebie-

Eingang zur Erdmannshöhle

tes seit Tausenden von Jahren. Dass diese Angst nicht unbegründet ist, zeigen die vielen kleinen und größeren Katastrophen, die über die Jahrhunderte hinweg Menschen, Sachen und Gebäude in Mitleidenschaft gezogen haben So verschwanden schon ganze

Häuser binnen weniger Minuten im zerklüfteten Boden (s. auch Seite 58).

Doch nicht diese Einbrüche sind es, die das Dorf weit über die Landesgrenzen hinaus bekannt gemacht haben. Es ist die Erdmannshöhle, die

dem Ort Glanz verliehen hat. Dieses Erdmanns-Grab oder Erdmanns-Loch, wie die Hasler ihre Höhle in Anspielung an die Unwägbarkeiten nennen, zählt zu den ältesten Tropfsteinhöhlen Deutschlands. Sie stellt ein großartiges Wunder der Natur unter der Erde dar und zieht jährlich tausende Schaulustige und Touristen aus aller Welt in ihren Bann.

Glanzvolle und faszinierende Unterwelt

Wer in die Höhle hinabsteigt, betritt eine geheimnisvolle Welt, die, vergleichbar mit einem unterirdischen Schloss, das über zahlreiche Schätze verfügt, mit allen Sinnen erlebt werden kann. Den ersten Eindruck vermittelt die eigene Haut, auf die Tropfen prallen, die von der Decke stammen. Das ist aber kein Defekt oder eine undichte Stelle, es ist „Natur pur". Und ohne dieses Natur-Phänomen gäbe es dieses unterirdische Wunder nicht. Über einen Zeitraum von Jahrtausenden haben diese Tropfen eine sagenhafte Landschaft geschaffen, die Staunen, Faszination und Ehrfurcht hervorruft.

Die eiszapfenähnlichen Gebilde, die von der Decke hängen, die Stalaktiten und die vom Boden aufstrebenden Gebilde, die Stalagmiten, die sich beim Aufeinandertreffen zur Säule vereinigen, haben seit jeher die Phantasie der Menschen beflügelt. Namen wie „Totenkopf, „Krippe von Bethlehem", „Turmbau zu Babel" oder „Orgelpfeife" zeugen von einer regen und intensiven Vorstellungskraft und den Erklärungsversuchen für diese märchenhaften Gebilde.

Die Legende der kleinen Menschenfreunde

Der Legende nach sind sie das Werk der Erdmännlein, die in der Höhle ihr dunkles Zuhause hatten. Hier lebten und arbeiteten der Sage nach die kleinen Männlein mit der Zipfelmütze, die sich mit ihren Tarnkappen unsichtbar machen konnten. Auch gruben sie nach Gold und Edelsteinen. Im

Höhlensee badeten sie und im Höhlenbach wuschen sie ihre Wäsche. Am liebsten gingen sie aber zu guten, lieben Menschen, um zu helfen und ihnen wohlzutun. Sie hüteten das Feuer, dass es nicht das Strohdach der Armen erfasste, halfen dem Bauern im Stall und kümmerten sich um die Kranken. Die Weiblein standen den schwangeren Frauen in ihren Wehen bei, kochten Suppen oder hüteten ihre Kinder.

Das wäre heute noch so, hätten die Menschen sie nicht vertrieben - durch Geiz, Neid, Hab- und Neugier. Denn zunehmend wurde das rührige Völklein in seinem Tun und Treiben gestört. So soll es einmal ein Mann aus Hasel gewagt haben, den Männlein nachzustellen, weil er erfahren wollte, ob sie die gleichen Füße hätten wie die Menschen oder Gänsefüßchen, wie allgemein angenommen wurde. In der Nacht streute er deshalb einmal Asche auf den Weg, um ihnen eins auszuwischen. Als die Zwerglein still und emsig wie immer daher getrippelt kamen, erzürnten sie heftig über diesen böswilligen Schabernack und seinen Hinterhalt und jammerten:

„O, wie ist der Himmel so hoch
und die Untreue so groß!
Heut´ hierher und nimmermehr!“

Seit diesem Tag sollen sich die Erdmännchen aus Gram in das Innere der Berge zurückgezogen haben, damit sie nicht mehr dem Vorwitz, der List und auch der Undankbarkeit der Menschen ausgeliefert sind. Mit dem Namen „Erdmannshöhle“ wollen die Menschen die Erinnerung an die kleinen Menschenfreunde, die stets hilfreich und uneigennützig zu Diensten waren, immer wieder zurückrufen:

„O weh! Nun sind sie alle fort,
und keines ist mehr hier am Ort!
Man kann nicht mehr wie sonsten ruhn,
man muss nun alles selber tun.“

In den Herzen und Köpfen vieler Menschen sind die kleinen Wesen auch heute noch lebendig. Sie werden zu Ikonen erhoben, gemalt und gebastelt. Kinder erzählen phantastische Geschichten und loben ihr wohlwollendes und menschenfreundliches Wesen. Ihnen werden charismatische Charaktereigenschaften zugeschrieben, die es selten im menschlichen Bereich gibt. Dass dies nicht so bleibt, dafür ist ihre Hilfe dringender denn je:

„Gewandelt hat sich unsere Not,
niemand darbt mehr, braucht Suppe oder Brot,
was uns fehlt ist Mitgefühl und das Singen neuer Lieder,

kommt ihr Kleinen und helft uns wieder!"

Soweit die Legende und die frommen Wünsche, denen sie Ausdruck verleiht.

Die Höhle, der Eisenbahntunnel und der Eichener See

Die Gänge und Schächte der Höhle verzweigen sich in die weite Umgebung. So wird oft erzählt, dass die Höhle auch eine Verbindung zum Eichener See und zur Tschamberhöhle besitze. Der Nachweis dafür fehlt bis heute. Was jedoch die Erdmännchen und/oder die Natur nicht schafften, gelang dem Menschen: Er grub unter Einsatz schwerer Technik einen Tunnel zwischen Hasel und Fahrnau, einem Stadtteil von Schopfheim, für den Bau der Wehratalbahn zwischen Bad Säckingen und Schopfheim, einer strategisch wichtigen Bahn zur Umgehung der Schweiz. Damit durchbrach er den Dinkelberg an der schmalsten Stelle. Das war im Jahre 1890. Heute ist im einstigen, damals mit seinen 3.170 Meter drittlängsten Eisenbahntunnel Deutschlands nur noch das Plätschern eines Baches zu hören und das Geschrei von Fledermäusen, die den im Jahre 1971 stillgelegten „Hasler Tunnel" in ihren Besitz genommen haben.

Der romantische Haselbach bei Hasel

Der Landgasthof „Erdmannshöhle" in Hasel

Der Bau des Tunnels scheint dem Eichener See nicht geschadet zu haben. Er ließ sich seitdem immer wieder blicken, obwohl nicht weit von ihm die Durchbohrung verläuft.

Zu Schaden kam wahrscheinlich sein „Bruder“ in Kürnberg. Denn nach dem Bau war dieser für immer verschwunden! Ein Rätsel bis heute (siehe Seite 24).

Der gesperrte Tunnel bei Hasel

Der ehemalige Bahnhof Hasel

Eine verwaiste Strecke

Die zerstörte Eisenbahnbrücke über den Haselbach

„Tunnelblick“

Westweg um den Eichener See

Fernwanderweg ändert seine Route

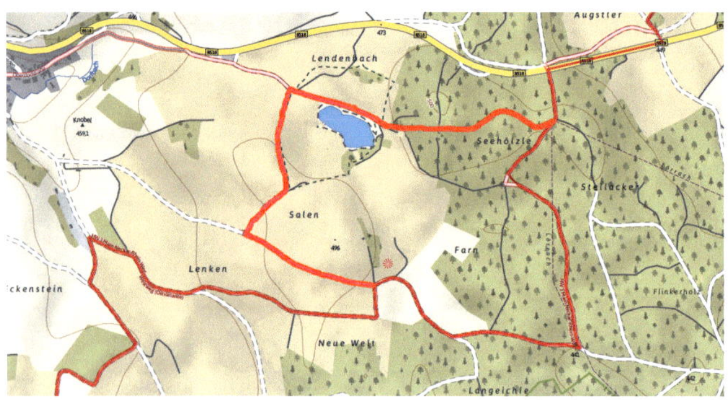

Die neue Route führt jetzt am See vorbei

Dass ein See Menschen anzieht, ist nicht erstaunlich und bemerkenswert. Aber dass ein See einen Weg anzieht, ist doch einer Erwähnung wert. Es ist wieder mal der Eichener See, der dieses kleine Wunder vollbracht hat! Dieses Ereignis fand im Jahre 2012 statt, genauer am 6. Mai. Denn an diesem Tag wurde mit dem symbolischen Durchschneiden eines Bandes eine neue Route des Westweges eingeweiht, die nun am Eichener See entlangläuft.

Einweihung der neuen Wegstrecke

Bislang ging die östliche Etappe (Etappe 12: Schopfheim - Basel) des berühmten 285 Kilometer langen Fernwanderweges von Pforzheim nach Basel am See vorbei. Nur wenige Meter vor dem See bog der Weg ab und schlängelte sich quer durch den Wald nach Wehr, ohne dass der Wanderer einen Blick auf den temporären See werfen konnte.

Nun weist eine neue Beschilderung den Weg zum See, führt am Ufer entlang und stößt dann beim Grenzstein, der die ehemalige Grenze zwischen Vorderösterreich und Baden markierte, wieder auf die bisherige Route.

Aufwertung des Westweges

Gefunden und auch realisiert wurde diese neue Wegvariante in Zusammenarbeit mit dem Schwarzwaldverein in Freiburg und Mitgliedern der Ortsgruppe Schopfheim. Alle Beteiligten waren sich einig, dass damit der Westweg, dessen Intention darauf abzielt, Wanderer an landschaftlichen und historischen Besonderheiten entlang zu führen, eine Aufwertung erfahren hat. Einen Beitrag dazu leistet auch die Schutzhütte inklusive einer Picknick-Ecke am See, die dem Wanderer Rast in schöner Umgebung bieten. Die neue Streckenführung entspricht den strengen Auflagen in Bezug auf naturnahe Wegeführung und sehenswürdige Ziele, die der Weg als „Qualitätsweg wanderbares Deutschland“ einzuhalten hat.

Von Pforzheim bis Basel
Länge: 285 km
Anzahl Etappen: 11 bzw. 12

Der Westweg wurde bereits im Jahr 1900 vom Schwarzwaldverein ausgeschildert und ist damit der älteste Fernwanderweg Deutschlands. Er gilt als Aushängeschild des Wanderns im Schwarzwald.

Der mit der roten Raute markierte Höhenweg folgt auf knapp 285 Kilometern im Wesentlichen dem Hauptkamm des Schwarzwaldes. Er berührt die höchsten Gipfel wie Hornisgrinde, Schliffkopf, Brend, Feldberg, Herzogenhorn, Belchen und Blauen und bietet fantastische Aussichten, im südlichen Teil bis zu den schneebedeckten Alpengipfeln.

Ab Titisee führt er in zwei Varianten (westliche und östliche Etappe) südwärts Richtung Basel.

Die Tschamberhöhle

Mit dem Eichener See unterirdisch verbunden?

Sie als Höhle zu bezeichnen ist etwas übertrieben, denn eigentlich ist es nur ein Gang, der von einen Bach durchflossen wird - allerdings unterirdisch. Die Rede ist von der Tschamberhöhle bei Riedmatt im Ortsteil Karsau von Rheinfelden. Diese direkt an den Rhein angrenzende und in Sichtweite des *Schlosses Beuggen** liegende Erosionshöhle gehört neben der Erdmannshöhle in Hasel und dem Teufelsloch bei Oberschwaben zu einer der wenigen Höhlen in Deutschland, die im Muschelkalk liegen.

Der mystische Wasserfall am Tunnelende

Doch dieser, durch den verkarsteten Muschelkalk des Dinkelberges sich schlängelnde, 1.550 Meter lange Gang, von dem nur 600 Meter für den Besucher zugänglich sind, hat es in sich! Vielfältige Gestaltformen und Gesteinsbildungen bahnen seinen Weg ins Innere, so ein domartiger Raum, groteske, vielgestaltige Steingebilde und mystisch anmutende Schluchten. Eine besonders stimmungsvolle Atmosphäre verbreitet das Plätschern des Baches, das sich mit dem Rauschen des am Ende des Schauteiles der Höhle liegenden, vier Meter hohen Wasserfalls aus der Quellgrotte vermischt. Offen ist, ob dieses Wasser auch von den Karst-Labyrinthen des Dinkelberggebietes und damit auch indirekt vom Eichener See stammt.

„Der Tschamberli" - ein Sonderling

Es sind allesamt sonderbare, originelle Erscheinungen wie der vermutliche Namensgeber dieser Höhle. Denn es wird erzählt, dass der Name für diesen „Höhlengang" nach einem Wälder benannt wurde, einem Mann, der seine Heimstätte im Wald beim Dorf Nordschwaben hatte. Dieser soll es aber mit der Reinlichkeit nicht so ernst genommen und überhaupt als Original gegolten haben, so dass man ihm den in dieser Gegend gebräuchlichen, alemannischen Übernamen

„Tschamberli“ gab, was so viel wie Sonderling heißt, sprich Außenseiter oder Exzentriker. Einmal soll er wegen eines Vergehens von der hiesigen Polizei, damals Gendarmerie genannt, gesucht worden sein. Da man vermutete, dass er sich in dieser Höhle versteckt hielt, wurde sie, soweit man vordringen konnte, durchkämmt – jedoch ohne Erfolg. Der „Tschamberli“ blieb für immer verschwunden. Seitdem wurde dieser Gang Tschamberloch, später Tschamberhöhle genannt.

Schon seit jeher soll diese Höhle Schutz und Unterschlupf für Menschen geboten haben, vor allem in kriegerischen Zeiten. Entsprechende Beweisstücke dazu wurden entdeckt, als durch den Bau der Eisenbahnlinie von Basel zum Bodensee im Jahre 1853 der ursprüngliche Höhleneingang verlegt werden musste. Erschlossen und zur Besichtigung freigegeben wurde die Höhle im Jahre 1890. Betreut wird diese Schauhöhle ehrenamtlich vom Schwarzwaldverein, Ortsgruppe Karsau. Nur wenige Meter weiter liegt das 2009 eröffnete Geo-Museum des Dinkelberges, das sich in einer früheren Erdgeschosswohnung eines Mehrfamilienhauses befindet. Es ist eines von zwei Museen, die den Dinkelberg zum Thema haben (s. Text zum Dinkelberg auf Seite 72).

***Schloss Beuggen: Wo einst die Deutschordensritter residierten**

Auf eine wechselvolle und legendäre Geschichte blickt das direkt am Rhein liegende, aus dem 13. Jahrhundert stammende Schloss zurück. Die halbkreisförmige Anlage um das stattliche Schloss mit der Schlosskirche in der Mitte ist die älteste noch erhaltene Kommende des Deutschritterordens, der hier über 560 Jahre residierte. In diesem Schloss soll zwischen 1815 und 1816 Kaspar Hauser als unerwünschter Erbprinz von Baden versteckt worden sein. Jahrelang war hier eine Evangelische Tagungs- und Begegnungsstätte untergebracht. Zum 1. Januar 2017 wurde das Schloss an einen neuen Eigentümer verkauft.

Das Wiesental

Idyllische und geschichtsträchtige Lebensader neben dem Eichener See

Der „Wiesenhafen“ als militärischer Umschlagplatz für die Römer

Untrennbar ist der Eichener See, der Ort Eichen selbst und auch die Stadt Schopfheim mit einem der liebenswürdigsten und romantischsten Täler des Südschwarzwalds verbunden: dem Wiesental. Über Jahrhunderte hat dieses Tal, das dem Fluss Wiese seinen Namen verdankt, das Leben der Gegend geprägt und Geschichte geschrieben. Wegen seiner landschaftlichen Reize und Vielfalt fasziniert es immer wieder Einheimische und Fremde. Schon die Römer erkannten dessen Bedeutung und nutzten die Wiese, die damals noch ungezähmt war und sich oft im ganzen Tal ergoss, als Transportweg für ihre Militärlager, wie dem auf einer Anhöhe von Eichen vermuteten Kastell (siehe Seite 12). Ihre Anschlussstelle muss damals ein „Wiesenhafen“ gewesen sein, der sich südlich von Schopfheim befand, wo die große Wiese mit der kleinen Wiese - der aus dem kleinen Wiesental zufließenden kleineren Schwester, auch die „Belchenwiese“ genannt - zusammenfloss. Von diesem „Klein-Mesopotamien“ zeugen heute noch behauene Steinbrocken und Steinquader von unterschiedlicher Größe. Ein anderer Umschlagort war das einige Kilometer östlich von Basel liegende Kastell am Rhein, Augusta Raurica, das in seiner Blütezeit im 2. Jahrhundert nach Christus ca. 10 Tausend Einwohner und Legionäre beherbergte. An diesem Knotenpunkt lagen wichtige Verkehrsrouten für die Römer. Diese älteste, römische Kolonie ist heute mit seinen Ruinen eines der größten Freilichtmuseen Europas nördlich der Alpen.

Vom Komponisten Wolfgang Amadeus Mozart bis zum WM-Fußballtrainer Joachim Löw

Gleich einer Lebensader hat die am höchsten Berg des Schwarzwaldes, dem Feldberg, entspringende und nach 55 Kilometern in den Rhein mündende Wiese auf ihrem Weg durch das Tal zahlreiche Spuren in Natur, aber auch in der Geschichte und Kultur der Menschen hinterlassen. Namen wie Constanze Weber, die Frau von Wolfgang Amadeus Mozart, aus Zell, Johann Peter Hebel, der berühmte alemannische Dichter aus Hausen, Max Picard, Arzt und Kulturphilosoph aus Schopfheim, oder auch in heutiger Zeit Joachim „Jogi“ Löw, Fußball-Weltmeistertrainer aus Schönau und Ottmar Hitzfeld, berühmter Fußballtrainer aus Lörrach bleiben noch lange in Erinnerung. Nicht zu vergessen Karl Ludwig Nessler, der Erfinder der Dauerwelle. Er kam in Todtnau zur Welt.

Die Frau von Mozart: präsent auf Straßenplakat und Gehweg

Ihren Lauf säumen Naturwunder wie der Todtnauer Wasserfall oder einer der schönsten Aussichtsberge im Schwarzwald, der Belchen, sowie

Der imposante und erlebnisreiche Todtnauer Wasserfall

bedeutende historische Bauwerke wie die Burgruine Rötteln. Eine Schmalspurbahn, das „Todtnauerli“, schnaubte sich bis zu seiner Stilllegung im Jahre 1967 von Zell bis Todtnau.

Schmalspurbahn, das „Todtnauerli“, von Zell bis Todtnau

Stillgelegt wurde im Jahre 1971 auch die Wehratalbahn, die in Schopfheim

Ein Zug verlässt den Hasler-Tunnel in Richtung Bad Säckingen

begann und über Wehr ins Rheintal durch den Hasler Tunnel nach Bad Säckingen führte.

Die Kraft der Wiese mit ihrem starken Gefälle und relativ konstantem Wasserstand machte sich früher die Textilindustrie zunutze. Für wirtschaftliche Blüte sorgte auch die Nähe zur Schweiz und zum Elsass. Im Badner Lied, der „Nationalhymne“ von Baden, wird in einer Strophe die industrielle Bedeutung des Wiesentales besungen:

„Im Wiesental Fabriken stehn,
wie Schlösser klar und hell,
Rauchfahnen aus Kaminen wehn,
von Lörrach bis nach Zell.“

Das Wiesental war auch ein wichtiger Schauplatz der Revolution von 1848. Mit Freiwilligen zog Friedrich Hecker durch das Tal. Später folgte Georg Herwegh. Die „Deutsche Republik“ rief Gustav Struve 1848 in Lörrach aus.

„Der Schlüssel taucht in Höllstein auf“

Wie Perlen einer Schnur reihen sich heute viele große und kleine Gemeinden und Städte an der Wiese auf. Die größte Stadt des Wiesentals ist Lörrach mit rund 50 Tausend, gefolgt von Schopfheim mit rund 19 Tausend Einwohnern. An der Wiese liegt auch Höllstein, heute Bestandteil von Steinen, in dem, nach der Sage zum Eichener See (siehe Seite 28), der Schlüssel zu finden sei, wenn der See den Ort Eichen und die Stadt Schopfheim hinweggespült haben. Wo genau man den Schlüssel in diesem im Jahre 1083 erstmals erwähnten Ort finden kann, verschweigt jedoch die Legende. Vielleicht würde er im Steinbruch auftauchen, der noch bis 1939 in Betrieb war und aus dem roter Sandstein abgebaut wurde, der z.B. im Münster von Basel verwendet wurde. Oder er findet sich in dem 1050 errichteten Höllsteiner Gotteshaus, in dessen Chor die 12 Apostel dargestellt werden.

Liebeserklärungen von Dichtern, Malern und Fotografen

Zahlreich sind die Liebeserklärungen, die der Wiese und dem Wiesental gemacht wurden und immer noch werden. An prominenter Stelle steht dabei der Dichter *Johann Peter Hebel* (1760 - 1826) mit seinem Gedicht „Die Wiese", das er in alemannischer Sprache geschrieben hat. Darin vergleicht er den Lauf des Flusses mit dem Lebenslauf eines Mädchens.

Johann Peter Hebel (1760 - 1826)

Die Quelle ist der Beginn, die Geburt des Flusses, der in seinem Lauf größer wird und schließlich in einen anderen Fluss und dann das Meer mündet. Der Fluss ist für ihn „Feldbergs liebligi Tochter":

„Feldbergs liebligi Tochter, o Wiese,
bis mer Gottwilche!
Los, i will di iez mit mine Liederen ehre,
Und mit Gsang bigleiten uf dine freudige Wege!"

Die Einmündung der Wiese in den Rhein ist für Hebel die Heirat des Mädchens, wobei der Bräutigam der Rhein darstellt, „Gotthards kräftiger Sohn". Im Gedicht geht der Dichter auf viele geschichtliche Ereignisse ein, die für die Menschen im Wiesental wichtig waren. So entsteht ein farbiges Bild vom Leben an der Wiese zur Zeit Hebels.

Eng mit dem Wiesental verbunden fühlte sich auch der Mundartdichter und Schriftsteller *Gerhard Anton Jung* (1926 - 1998). Zahlreiche Gedichte, aber ebenso Lieder zeugen von einer tiefen Liebe zu seiner Heimat. Er ist der Autor des Buches „Im Belchenwind", in dem er das mittlere und kleine Wiesental mit poetisch, unterhaltsamen und bilderreichen Worten beschreibt. In köstlichen Erzählungen bringt er die Landschaft mit ihren kleinen und großen Wundern und die Menschen mit ihrer Kultur, Geschichte und Wesensart einander nahe.

„Belchenwind! Das ist die Kraft aus der Natur, das ist Anmut der Bewegung in Weidgräsern und Buchenwip-

„Im Belchenwind“
Das mittlere und das kleine Wiesental
von Gerhard A. Jung

feln“, schreibt Jung in seinem Vorwort. Die Fotos stammen von Daisy und Eugen Steppenger.

Ein vorindustrielles Bild des Wiesentals, ohne Schornsteine, Fabriken und Eisenbahn dokumentierte der Maler *Gustav Wilhelm Friesenegger* (1796 - 1859) (siehe Seite 149). Seine farbenfrohen Bilder sind eine Hommage an seine Heimat, die er unverfälscht, naturbelassen und facettenreich präsentiert. In der heutigen Zeit halten viele professionelle, aber auch private Fotografen das Wiesental in ihren Bildern fest. Unter den zahlreichen Fotokünstlern ist *Eugen Holdermann* zu nennen, der Autor des Bildbandes zum Eichener See (siehe Seite 152).

„Links und rechts der Wiese“

Wie sich das Bild der Landschaft an der Wiese mit der Zeit gewandelt hat, zeigt der Bildband „Links und rechts der Wiese“. Diese von Clemens Fabrizio (1921 - 2013) vorgelegte Dokumentation enthält eine Sammlung alter Post- und Ansichtskarten von „Anno Dazumal“, die einen Blick auf die alten Ortschaften des Wiesentales und das Leben seiner Bewohner ermöglicht. Damit stößt er das Tor zur

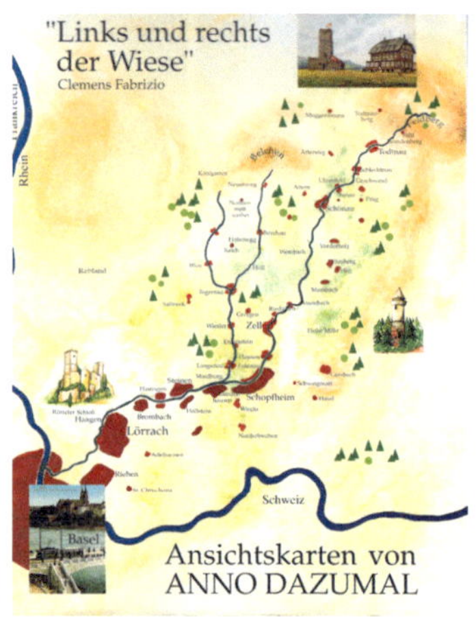

„Links und rechts der Wiese“
Ansichtskarten von ANNO DAZUMAL
von Clemens Fabrizio

Vergangenheit auf und macht eine längst vergangene Epoche wieder lebendig.

Die Erinnerung an die Zeit unserer Großeltern hält auch der Schopfheimer Unternehmer *Andreas Gsell* mit seiner umfangreichen Postkarten-Sammlung wach. Darunter befinden sich zahlreiche Karten der an das Wiesental angrenzenden Gemeinde

Eichen sowie zum Eichener See (siehe Seite 48).

Radio aus dem Wiesental

Am Pulsschlag der Zeit befindet sich das „Freie Radio Wiesental“, das sich als Bürgersender in der Region fest etabliert hat. Als nichtkommerzielles Radio, mit Sitz in Schopfheim, leistet es einen wichtigen medialen Beitrag im Wiesental. Das vielfältige Programm des Senders, der früher „Kanal-Ratte“ hieß, wird von zahlreichen ehrenamtlich tätigen Redakteurinnen und Redakteuren gestaltet und ist rund um die Uhr zu empfangen.

Freies Radio Wiesental
... anderes Hören!

Das faszinierende Wiesental

Rarität und lebendes Fossil: der Kiemenfußkrebs

Eiszeit und Sintflut überstanden und die Dinosaurier überlebt

Er stellt eine außergewöhnliche Rarität dar: der Kiemenfußkrebs. Der im Eichener See beheimatete Krebs gilt als eine der ältesten Tierarten, die unseren Planeten seit Anbeginn der Zeit bevölkert haben soll. Ihr Alter wird auf über 500 Millionen Jahre geschätzt. Diese Relikte aus dem frühen Erdzeitalter werden auch als „Urzeitkrebse“ bezeichnet, weil sie seit Urzeiten kaum ihre Form verändert haben. Dank ihrer ausgeklügelten Überlebensstrategie und perfekten Anpassung an ungewöhnliche Lebensräume haben sie Millionen Jahre auf unserer Erde überlebt - und das ohne evolutionären Fortschritt. Der Kiemenfußkrebs, auch Blattfußkrebs genannt und von Wissenschaftlern auf den zungenbrecherischen Namen „Tanymastix lacunae“ getauft worden, kann demnach als lebendes Fossil betrachtet werden, das nicht nur die Eiszeit, Meteoriteneinschläge, Vulkanausbrüche und andere Erdkatastrophen wie die Sintflut überstanden, sondern auch die Dinosaurier sowie Generationen von Menschen überlebt hat.

Warum sich dieser Krebs gerade den Eichener See, den wohl merkwürdigsten See von ganz Deutschland als Domizil ausgesucht hat - und dann noch hier als einmaliger Fall gilt, wird immer ein Rätsel bleiben. Zweifelsfrei trifft er jedoch hier auf beste Lebensbedingungen, die seiner besonderen Eigenart und Konstitution auf ideale Weise entsprechen. Denn für sein Überleben braucht der Krebs, der die Angewohnheit hat, auf dem Rücken zu schwim-

Fachkundige Begutachtung der Krebse durch Hartmut Heise

men, ein Gewässer, das von Zeit zu Zeit austrocknet. Denn nur so können sich seine Eier optimal entwickeln. Auch muss es fischfrei sein. Das könnte der Grund sein, dass sich der Krebs seit Urzeiten hier wohl fühlt. Neben Eichen ist der Krebs lediglich an sieben weiteren Standorten in Europa zu finden, so in Frankreich, Norwegen und Irland.

Einige Eigenschaften, die wir Menschen mit einem Krebs verbinden, treffen beim Tanymastix nicht zu! Denn er besitzt weder eine schützende Schale wie die Krabbe oder einen harten Panzer ähnlich dem Hummer oder der Garnele, noch gefährlich werdende Scheren wie der Flusskrebs. Trotzdem wird der Kiemenfußkrebs der Krebsfamilie zugeordnet, weil er ein Gliederfüßler ist, keine Wirbelsäule besitzt, also wirbellos und mit zwei Antennenpaaren ausgestattet ist.

Krebse treten in den verschiedensten Größen auf. Die Kleinsten sind nur Bruchteile eines Millimeters groß, wie der flohartig aussehende Daphnia. Die Größten, wie die Japanische Riesenkrabbe, präsentieren eine Länge von bis zu 4 Metern. Auch seltene Exemplare sind darunter, wie der Landeinsiedlerkrebs, der größte lebende Krebs auf dem Land. Er wird auch als Palmendieb oder Kokosnussräuber bezeichnet, weil er in der Lage ist, von Palmen eine Kokosnuss zu holen und diese zu öffnen.

Der Kiemenfußkrebs: Eine Basler Entdeckung

Seine Entdeckung im Eichener See im Jahr 1909 verdankt er einem Schweizer Zoologen: *Eduard Graether* aus Basel. Veröffentlicht hat er seinen historischen Fund in der 1911 erschienenen Zeitschrift „Internationale Revue der gesamten Hydrobiologie und Hydrographie". Darin schreibt er: *„Im regenreichen Sommer 1909 trat endlich der See aus. Ebenso im Frühjahr des folgenden Jahres und ein drittes Mal im Dezember. Jedes Mal nun fand ich in erstaunlicher Menge einen Phyllopoden der Gattung Chirocephalus."* Und später weiter: *„Die Phyllopoden gehören in Süddeutschland und der Schweiz zu den Seltenheiten."* Mit Phyllopoden meinte er Blattfüßer/Kiemenfüßer. Im Fall Chirocephalus schien er sich jedoch getäuscht zu haben. Ein Fachkollege aus Deutschland versuchte ihn später zu korrigieren und meinte, dass er einen „Tanymastix lacunae Guérin", wie der Krebs in der Fachsprache genannt wurde, gefunden hatte. Dabei hatte er jedoch die Fußnoten des Schweizers übersehen, die darauf bereits hinwiesen.

Die Entdeckung eines Kiemenfußkrebses hatte weitreichende Folgen. So waren im Laufe der Zeit viele Wissenschaftler und auch Laien der Faszination des etwa 2 cm großen Krebses erlegen und versuchten, das Geheimnis seiner Existenz im Eichener See zu lüften. 1983 wurde der See bei Eichen wegen dem urzeitlichen Krebs unter Naturschutz gestellt. Neun Jahre nach Graethers Entdeckung widmete sich *Robert T. Müller* von der Zoologischen Anstalt Basel dem Krebs in einer ca. 130 Seiten umfassenden Dissertation zur Erlangung der Doktorwürde mit dem Titel: „Tanymastix Lacunae (Guérin) aus dem Eichener See". Zwischen 1913 und 1916 hatte er den See 22 Mal besucht und bewaffnet mit Schlepp- und Planktonnetz, in der Trockenzeit mit Messer und Spaten, lebendes wie totes Material gesammelt und in seinem Labor untersucht.

Historischer Nachlass

Über 55 Jahre dauerte es, bis der Krebs wieder ins Zentrum der Aufmerksamkeit geriet. Wiederum war es ein Schweizer Forscher, der sich an die weitere Untersuchung der Entwicklung und Lebensweise des Kiemenfußkrebses wagte: *Dr. Willy Eglin-Dederding*. Der Basler Zoologe züchtete ihn 1965/66 erfolgreich im Labor, indem er Erdproben in ein Wasserglas gab und mit Wasser aus dem Eichener See ansetzte. So gelang es ihm, die verschiedenen Wachstumsstadien des Eichener See-Krebses zu beobachten.

Die Ergebnisse veröffentlichte er, zusammen mit Ruth Handschin von der Mädchenoberschule Basel, in der Zeitschrift „SPELOS" (Ausgabe 2/Juli 1966), der Zeitschrift des Höhlenforschungs-Clubs Basel (siehe auch Seite 65). Seine bedeutende Arbeit, die sich dem See als tektonisch-geologisches Naturphänomen widmet, das dem urzeitlichen und seltenen Kiemenfußkrebs einen speziellen Lebensraum bietet, schenkte er 1996 dem Stadtarchiv Schopfheim. Sie

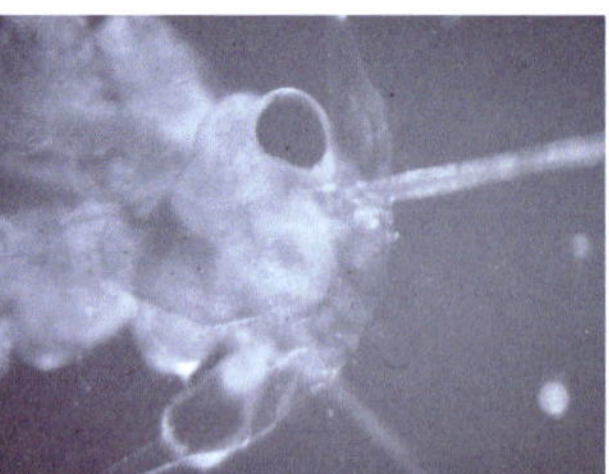

vlnr: Dr. Eglin-Dederding mit Studenten, Kopf des Krebses von seiner Bauchseite gesehen mit Antennenpaar und Stielaugen, beim Begutachten

enthält eine für die Dokumentation des „Naturraumes Schopfheim“ außerordentlich wichtige Dia-Sammlung von 195 Bildern. Gewürdigt wurden seine Arbeiten im Jahrbuch der Stadt Schopfheim 1996 von Frau Dr. Ulla Schmid, Leiterin des Museums und des Archivs.

„Fliegende Eier“ und der rote Eisack

Erst knapp 20 Jahre später stand der „Feenkrebs“, wie der Tanymastix auf Grund seiner feenhaft wirkenden Fortbewegung auch genannt wird, wieder im Mittelpunkt von Untersuchungen. Diesmal widmeten sich ihm zwei Jugendliche: *Daniel Freiner* und *Ortwin Grüttner*, Schüler des Theodor-Heuss-Gymnasiums Schopfheim.

Beide, damals 20 Jahre alt, hatten sich als Team am Wettbewerb „Jugend forscht“* mit dem Thema „Fliegende Eier“ beteiligt. Für ihre detaillierte und

Daniel Freiner und Ortwin Grüttner präsentieren ihre Ergebnisse

umfangreiche Arbeit unter dem Titel „Der Eichener Kiemenfußkrebs“, die in der Zeitschrift „Natur und Museum“ im Oktober 1984, Band 114, Heft 10 veröffentlicht wurde, erhielten sie 1983 den 2. Preis im Bereich Biologie.

Titelbild zeigt die Entwicklung des Krebses

**Der 1965 vom damaligen Chefredakteur des Sterns, Henri Nannen, initiierte Wettbewerb gilt heute als der größte europäische Jugendwettbewerb im Bereich Naturwissenschaften und Technik.*

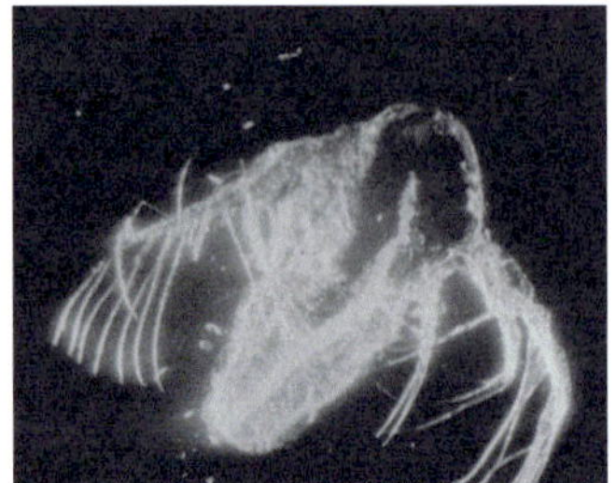
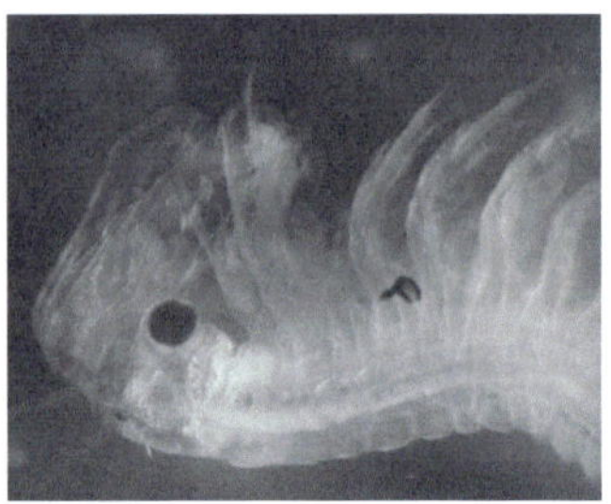

Sensationelle Aufnahmen der beiden Schüler
vlnr: weibliches Tier mit rotem Eisack, Larve (Nauplius), Kopfbild

In ihrer Arbeit untersuchten sie u.a. Ernährung, Fortpflanzung, Entwicklungsstrategien und Verbreitungsweise des Kiemenfußkrebses. Dabei gewannen sie neue Erkenntnisse wie über die Anzahl der befruchteten Eier, die ein Kiemenfußkrebs-Weibchen im Laufe eines Lebens abgibt (s.u.). Im Fall des roten Säckchens, das die Weibchen besitzen, widerlegten sie die These, dass dieser „rote Punkt“ ein Sexualsignal für das Krebsmännchen sei. Ihre neue Theorie: Die Männchen werden von Pheromonen, hormonale Duft- oder Botenstoffe, angelockt, die die Weibchen im unbefruchteten Zustand aussenden. Mit aussagekräftigen, exklusiven Fotos, die auch heute noch auf Ausstellungen für Aufmerksamkeit sorgen, dokumentierten sie ihre Ergebnisse.

Seitdem gibt es immer wieder Arbeiten, die sich mit dem Krebs im Zusammenhang mit dem Phänomen Eichener See beschäftigen. Die neueste Arbeit stammt aus dem Jahre 2016, verfasst von drei Schülern der Realschule Wehr. Ihr Titel: „Der Eichener See“. Darin widmen sie ein Kapitel dem Kiemenfußkrebs.

Atmung, Nahrungsaufnahme und Bewegung mit einem Körperteil!

Nomen est Omen: An seinen winzigen Beinchen oder auch Ruderfüßen – insgesamt 11 Beinpaare an der Zahl – befinden sich die zur Atmung notwendigen Kiemen, durch die der Sauerstoff ins Blut transportiert wird. Er atmet sozusagen durch seine Beine bzw. Füße. Andererseits nimmt er durch sie seine Nahrung auf, denn die Beine sorgen dafür, dass Schwebstoffe zum Mund geschwemmt werden. Nicht zuletzt dienen die Kiemen auch der Fortbewegung des Krebses. Atmung, Nahrungsaufnahme und Bewegung - drei ungewöhnliche und in der Regel nicht im Zusammenhang stehende Tätigkeiten, die von einem einzigen Körperteil geleistet werden und die dem Krebs seine Einmaligkeit verleihen.

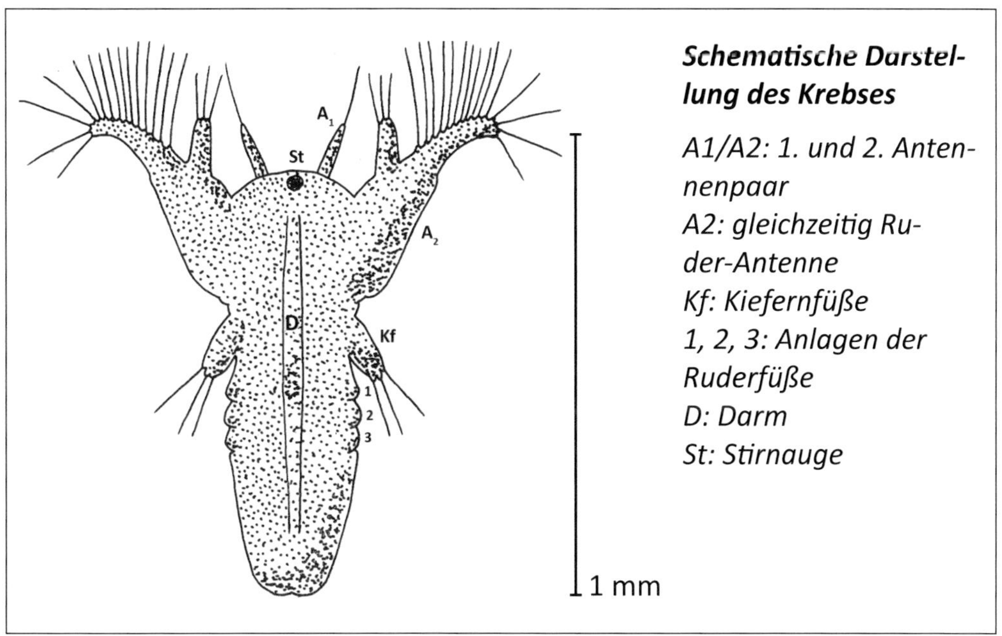

Schematische Darstellung des Krebses

A1/A2: 1. und 2. Antennenpaar
A2: gleichzeitig Ruder-Antenne
Kf: Kiefernfüße
1, 2, 3: Anlagen der Ruderfüße
D: Darm
St: Stirnauge

Überstehen von Trockenzeit und Kälte
„Steppentier" Krebs

Am erstaunlichsten aber ist seine Fortpflanzung. Denn nur sie sichert, dass die Krebse als Art überleben. Dafür legen die Weibchen im Wasser Eier, aus denen nach einiger Zeit Nauplien, kleine Larven schlüpfen und zu neuen Krebsen heranwachsen. R. T. Müller spricht von bis zu 17.000 Eiern, die ein Weibchen im Laufe ihres Lebens legt. Dagegen fanden Freiner und Grüttner im Rahmen der Arbeit „Jugend forscht" eine weit geringere Ablagerate von nur ca. 1.700.

Eine wichtige Rolle bei der Fortpflanzung spielen Temperatur, pH-Wert, Sauerstoff- und Nährstoffgehalt des Wassers sowie ihr Lebensumfeld. Trocknet aber der See aus bzw. versickert er, sterben zwar die Krebse, ihre bis dahin nicht geschlüpften Eier leben aber fort – im Boden des Sees. Diese benötigen diese Trockenphasen sogar, sonst können sie nicht aufplatzen, wenn sich der See wieder mit Wasser füllt. Aber auch junge Larven im Alter von wenigen Tagen können überleben, indem sie bei Eintrocknungsgefahr eine Hülle um sich bilden, mit der sie imstande sind, Trockenzeiten zu überstehen. Dass diese Tiere als Dauereier oder auch als junge Larve Trockenheit überleben können, war der Anlass dafür, dass sie auch als „Steppentier“ bezeichnet wurden. Doch richtig trocken wird der Boden des Sees nie. Er ist zumindest so feucht, dass der Wuchs und das Gedeihen von Gräsern u.Ä. gesichert und damit das Lebendigbleiben der Eier und Larven garantiert ist.

Die im Boden des Sees abgelegten Eier ertragen nicht nur lange Trockenphasen. Auch Kälteperioden scheinen sie einigermaßen unbeschadet zu überstehen. Zum Glück, sonst wären die Krebse wohl schon längst ausgestorben. Die Weiterexistenz sowohl bei warmen als auch bei kalten Temperaturen hat dazu geführt, dass man sich in Fachkreisen uneinig ist, ob der Kiemenfußkrebs den Warmwasser- oder Kaltwassertieren zugerechnet werden kann oder beiden gleichzeitig.

Dass im See trotz teils widriger Umstände immer wieder aufs Neue Krebse zu finden sind und Eier nach einer langen Trockenzeit zu neuem Leben erwachen, zeugt von einer hohen Widerstandskraft. Diese ist der harten Eierschale und ihrer ungewöhnlichen Form zu verdanken, die an ein Ufo erinnert (siehe Zeichnung von R. T. Müller). Auch die Fähigkeit des Wassers, Informationen zu speichern könnte die Entwicklung von Krebsen aus eingetrockneten Eiern möglich machen bzw. fördern. Die verbliebenen Wassermoleküle enthielten in diesem Fall Informationen über Struktur und Aufbau des Kiemenfußkrebes in Form einer Art Blaupause, die bei Zufluss neuen Wassers aktiviert wird.

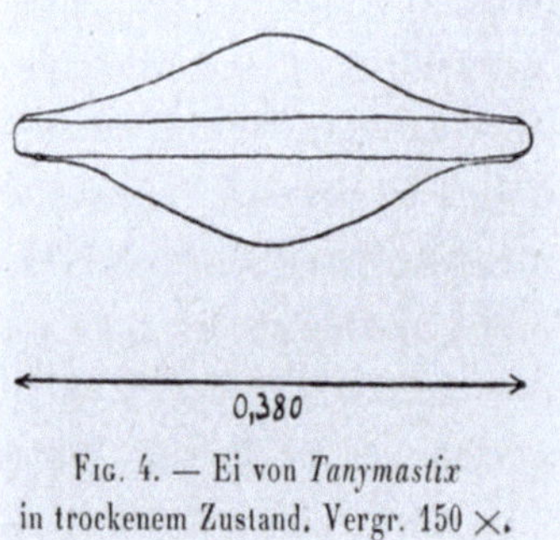

Fig. 4. — Ei von *Tanymastix* in trockenem Zustand. Vergr. 150 ×.

Zeichnung von R.T. Müller

Chauffeure für die Eier und Leckerbissen für Fische

Das Überleben des Krebses und seinen Eiern hängt auch von seinen Konkurrenten und Fressfeinden ab. Einer Reihe von Tieren wie Enten und Wasservögeln dienen sie als willkommenes Futter. Letztgenannte sind aber auch für ihr Weiterbestehen und ihre Verbreitung verantwortlich. Denn in ihren Mägen und Därmen können die Eier mitreisen und nach Überstehen des Verdauungstraktes im Kot am selben oder einem anderen Ort ihren Lebenszyklus fortsetzen. Mit Hilfe dieser „Chauffeure“ können sie sogar in neue Lebensräume vordringen. Sie sollen auch dafür verantwortlich sein, dass diese Krebsart überhaupt in den Eichener See gelangt ist. Als Feind gilt oder galt vielmehr der Mensch. Vor der Zeit der Inschutzstellung des Sees fischten regelmäßig Aquarianer Krebse samt Eier aus dem See und fütterten damit ihre Fische zu Hause.

Zu sauer ist nicht lustig

Bevor jedoch die Weibchen Eier legen und damit ihren Nachwuchs sichern können, müssen einige Bedingungen erfüllt sein. Die wichtigste ist das Vorhandensein von Wasser. Somit ist ihre Arterhaltung auf das Erscheinen des Sees angewiesen - und das in einigermaßen überschaubaren und regelmäßigen Abständen. Und wenn das Wasser dann an die Oberfläche tritt, sollte es mindestens drei Monate anhalten. Dabei liebt der Krebs eine Wassertemperatur von 8 bis 15 Grad, ab 18 Grad wird es ihm jedoch zu ungemütlich. Dazu kommt die Qualität des Wassers und der entsprechende ph-Wert, der ein Maß für den sauren oder basischen Charakter einer wässrigen Lösung darstellt. Am besten ist ein neutraler (7.0) bis leicht saurer ph-Wert (6,5). Ein zu saures oder basisches Wasser schadet ihm, der Entwicklung seiner Eier und damit seiner Population. Eine wichtige Rolle spielt zudem der Boden des Sees, mit dem sich das austretende Wasser vermischt. Ist dieser zu sauer, wird auch das Endergebnis sauer sein, so dass die Urkrebse auf ungünstige Bedingungen treffen und sich ihr Lebensumfeld verschlechtert.

Die Fortpflanzung des Krebses

Zur Fortpflanzung des Krebses schreibt R.T. Müller: *„Nachdem das Männchen einige Zeit hinter dem Weibchen hergeschwommen ist, eilt es plötzlich auf dasselbe zu, fasst von unten...den Leib des Weibchens mit den hornigen Außenästen ...legt die Innenäste in der Längsrichtung auf den Rücken des Weibchens und umklammert mit dessen Enden einer der mittleren Beinhaare hart an der Ansatzstelle.“ Und weiter: „Nachdem das Männchen sich am Rücken des Weibchens festgesetzt hat, biegt es seinen Körper ... und führt das paarige Glied in die Öffnung des Eisäckchens ein.“*

Die im Ergebnis der Kopulation entstandenen Eier sammeln sich in dem roten, gut sichtbaren Eisäckchen des Weibchens. Nach deren Reifung entledigen sich die Weibchen ihrer, wobei - nach Worten von R.T. Müller - *„die linsenförmigen Eier wie Geldrollen aus der Öffnung des Eisäckchens herausrollen."* Nach wenigen Wochen schlüpfen kleine Larven, sogenannte Nauplen. Ihre Geschlechtsreife erreichen sie nach zwei bis vier Wochen - aber nur wenn Wasser vorhanden ist - und sind nun imstande, wiederum für Nachwuchs zu sorgen. Diese ungeheure Vermehrungskraft in Verbindung mit der Resistenz gegen Trockenheit macht den Krebs zu einem einzigartigen Exemplar und zu einer weiteren Besonderheit des Eichener Sees.

Die Seele des Eichener Sees: Seegemeinschaft von Tieren und Pflanzen

Der Kiemenfußkrebs nebst seinen Eiern ist nicht allein. Er ist eingebunden in eine reiche Fauna und Flora, die seine Lebensweise und seine Arterhaltung beeinflussen. Geprägt werden die Pflanzen- und Tierwelt durch den periodischen Charakter des Sees, in dem je nach Phase - ob wässrig oder trocken - unterschiedliche Bedingungen in Luft, Wasser und Boden vorherrschen. Sie machen die Fauna und Flora des Seegebietes auch so außergewöhnlich. Dazu kommt der Einfluss des um den See betriebenen Ackerbaus, wo verschiedene Getreidesorten und auch Hackfrüchte, wie Kartoffeln, reifen.

Besonders reich ist der See im „wässrigen Zustand" an Arten, die im Trockenzustand die wasserlose Zeit überdauern oder sich ins Moos oder in den Boden flüchten können. So fand R.T. Müller im oder am Wasser 30 Arten von Würzelfüßern - sog. Wechseltiere, zu denen beispielsweise die Amöben gehören, 10 Arten von Wimpertierchen, 15 Arten von Rädertierchen und eine ganze Anzahl von Fadenwürmern und Bärtierchen - auch Wasserbären genannt. Außerdem entdeckte Müller eine Unmenge von Insektenlarven. Hauptsächlich am Ende der Seeperiode traten große Schwärme von Zuckmücken, auch bekannt als Tanzmücken oder Schwarmmücken, und Steckmücken und deren Larven auf. Zur Seefauna trugen ebenso Überreste der ertrunkenen Landfauna, wie faulende Leiber von Nacktschnecken und Regenwürmer bei.

Zur Tierwelt gehören auch Frösche, Kröten und Unken nebst ihrem Nachwuchs, den Kaulquappen, sowie Wasserratten. Dazu gesellen sich Wasserflöhe, Schwimmkäfer und Hüpferlinge - eine Gattung der Ruderfußkrebse sowie

Muschelkrebse. Im trockenen Zustand halten sich im Seengebiet auch Maulwürfe und Feldmäuse auf, die jedoch schnell flüchten, wenn Wasser aus dem Boden sprudelt. Schließlich zieht der „wässrige See“ Wasservögel an, die hier Brutpflege betreiben oder den See als Zwischenstopp ausgewählen. Dazu zählt zum Beispiel die Rostgans (siehe Seite 70).

Frösche im Eichener See

Nicht alle sind dem Kiemenfußkrebs wohlgesonnen. Wasservögel und andere Tiere haben sie auf dem Speiseplan. So greift beispielsweise der im See vorkommende Muschelkrebs die Kiemenfußkrebse an und frisst sie auf. Nach R.T. Müller fallen ihm besonders die Weibchen zum Opfer, wenn sie, von ihren Eisäckchen beschwert, auf den Seeboden sinken und sich nicht mehr erheben können. Auch der Muschelkrebs kann nebst seinen Eiern und Larven lange Zeit in einem ausgetrockneten oder eingefrorenen Gewässer ausharren und stellt damit eine Gefahr für das Leben der Urkrebse dar.

Zur Flora tragen auch die im trockenen Zustand des Sees auf dem Boden wachsenden Blumen und Pflanzen bei, wie Gänseblümchen, Löwenzahn, Wiesenkraut oder Klee. Dazu kommen mehrere Grassorten. Sie ertrinken im See, verfaulen und bilden ein pflanzliches Plankton, das Nährstoffgehalt, Sauerstoff und pH-Wert des Wassers beeinflussen. Von diesem wiederum nährt sich auch der Kiemenfußkrebs.

Das Warten der Eier

Im trockenen Zustand macht das Seegebiet einen einsamen Eindruck. Nichts weist mehr darauf hin, dass erst vor kurzem hier ein Tummelplatz für allerlei Getier war und eine üppige Fauna und Flora herrschte. Nur eine Kraut- und Magerwiese, die aufgrund des Naturschutzes weder beweidet noch gedüngt werden darf, zeigt sich dem Besucher. Doch der Schein trügt. Im Boden warten Tausende Eier des Kiemenfußkrebses nebst einigen überlebenden, jungen Larven darauf, dass bald wieder Wasser aus dem Boden sprudelt und sie zum Leben erweckt. Füllt sich der See mit Wasser, geht alles sehr schnell. Nach etwa 24 Stunden erwacht der See und mit ihm eine neue Tier- und Pflanzenwelt.

Vom Winterschlaf zum Frühlingserwachen

Die Eiche und der Ort Eichen

Ortswappen, Pilgerstätte und der Rebensaft

Die älteste Karte von Eichen incl. Eichener See und Umgebung mit Schopfheim aus dem Jahre 1779. Titel: „Schopfheim, Eichen und Gündenhauser Bann“

Um kaum einen Baum ranken sich so viele Mythen wie um die Eiche. Besonders fest verwurzelt ist sie in der deutschen Tradition. Sie gilt somit als der „deutsche Baum“ schlechthin. So beträgt der Anteil der Eichen am gesamten hiesigen Baumbestand aktuell 10 Prozent. Bis 2060 soll er sich sogar im Rahmen eines Waldumbauprojektes verdoppeln. Bei den alten Germanen war ihr hartes Holz ein Symbol für Unsterblichkeit, Standhaftigkeit und Treue. Bis zum heutigen Tag wird das Holz der Eiche als Bau- und Brennholz geschätzt. Ihre Früchte, die Eicheln, stellten Leckerbissen für Schweine dar, die damit einen geschmackvollen Schinken produzieren, was zum Ausdruck „Die besten Schinken wachsen auf den Eichen“ verleitet haben soll. Die Eichel wurde aber auch gemahlen, geröstet und als Kaffeeersatz verwendet.

Nicht zuletzt zog das Laub der Eiche als Eichenlaub bzw. Eichenblatt in die deutsche Symbolsprache ein - in Verbindung mit der Reichsgründung 1871, die mit einem Gefühl nationaler Einheit verbunden war. Das Eichenlaub findet sich auch auf deutschen Ehrenmalen, Kränzen und Hoheitszeichen, ebenso auf Orden, Symbolen und Münzen. Außerdem tauchte das Eichenlaub auf dem alten Fünf-DM-Schein und auf DM-Münzen auf. Seit 2001 ziert es deutsche Euro-Münzen.

Eine Eiche im Ortswappen

Auch auf dem Ortswappen der Gemeinde Eichen prangt eine Eiche: grün, mit silbernen Eicheln und schwarzem Stamm. Sie soll daran erinnern, dass es hier einst riesige Eichenwälder gab. Vielleicht verdankt das Entstehen eines Eichenwaldes auf einer Anhöhe nahe der Stadt Schopfheim, die das Gebiet des Ortes Eichen umfasst haben könnte, auch einem Brauch, den Johann Georg Uehlin (1819 - 1893), Revolutionär und Gründer von Druckerei und Verlag Uehlin, im „Statthalter von Schopfheim", dem Vorgänger des Markgräfler Tagblattes, im Jahre 1864 in folgendem Gedicht beschrieb:

Der Statthalter von Schopfheim.

Wöchentliche Berichte und Unterhaltungen aus dem Leben der Heimath.

Herausgegeben unter Verantwortlichkeit von G. Uehlin.

Erscheint jeden Samstag. Bestellungen sind in Schopfheim beim Herausgeber, auswärts bei gr. Postanstalten u. Postboten zu machen. | Preis in Schopfheim vierteljährl. 30 kr. Durch die Post bezogen 42 kr. Anzeigen werden mit 3 kr. die gespaltene Zeile berechnet.

Nr. 9. Samstag den 28. Mai 1864.

Der Eichwald bei Schopfheim

Einst zog aus Schopfheims´Mauern ein junges Hochzeitspaar,
In bunten Reihen folgte der Freunde munt´re Schaar,
Sie zogen durch die Matten zum öden Bergesrain,
Dort pflanzt der junge Gatte ein Eichenstämmchen ein.
Und als das Werk vollendet, da sprach er frohen Glücks:
Des Glücks, das mir geworden, das lange heiß ersehnt,
Mein schweres Ringen lohnet, mein kühnstes Hoffen krönt!

„Nun wachse und gedeihe! Ich ruf´s mit frohem Mund:
Beglückte Lieb` verpflanzte dich in den öden Grund;
Und wie beglückte Liebe den Busen wonnig hebt,
Und wie der Liebe Walten das Dasein hold belebt,
Und wie, was Liebe säet, was Liebe baut und schafft,
Durch alle Zukunft treibet mit ungeschwächter Kraft,
So sei auch du gesegnet, daß einst dein Schattenraum
Beschützend überwölbe manch` süßen Friedenstraum!“

Der Segen ward verkündet; heim zog die munt`re Schaar;
Den schönen Beispiel folgte noch manches junge Paar.
Es ward zum frommen Brauche, den Liebesbund zu weih`n
Durch Pflanzen einer Eiche am öden Bergesrain.

Und ob sich jene Sitte im Lauf der Zeit verlor,
Der Hain, den sie geschaffen, rank kräftig sich empor,
Und allen Stürmen trotzten die Stämme stark und kühn,
Zur stolzen Halle wölbte sich ihrer Zweige Grün;

Und was die Heimath Schönes, was Gutes sie geschaut,
Was freudig sie erregte, ihm ward es anvertraut;
Ihm hat sich offenbaret die tiefverschloss`ne Brust
Das Streben und das Sehnen, des Hoffens süße Lust;
Und bis in uns`re Tage durchweht so mild und rein
Beglückter Liebe Segen den alten Eidhenhain;
Und bis in uns`re Tage bewährt sich hold und schön:
Was Liebe pflanzt und bauet, wird nimmermehr vergeh`n!

Johann Georg Uehlin

Eichen - Pilgerstätte zu Pankratius: dem Heiligen von Eichen?

Die Verbindung von Baum und Ort schlägt sich nieder in einer Legende, die im Badischen Sagen-Buch im Jahre 1846 erschienen ist (siehe Seite 28). Sie berichtet von einer Anhöhe nahe dem Ort Eichen, von wo aus man die schönste Aussicht auf das Wiesental genießen konnte und die mit prächtigen Eichen bewachsen war.

Nach der Legende geschah auf diesem Hügel jedoch ein Unglück. Ein Mann namens Pankratius, Vater einer großen Familie, wurde beim Fällen einer Eiche erschlagen. Zum Andenken an das tragische Ende des Mannes, der bei allen Dorfbewohnern wegen seines freundlichen und allzeit hilfsbereiten Wesens sehr beliebt war, schnitzte ein des Holzschnitzens kundiger Bauer sein Bildnis in einen an der Unglücksstelle stehenden Baum. Zu diesem Bildstock gingen dann immer wieder Menschen und beteten für das Seelenheil des Verunglückten. Mit der Zeit kam dieses hölzerne Denkmal in einen wundertätigen Ruf: Gebete wurden erhöht und Heilungen fanden statt. Man wallfahrte zunehmend zu diesem heiligen Ort „zur Eiche". Aus diesem soll sich dann auch der Name des Ortes ergeben haben.

Später, im 11./12. Jahrhundert, wurde an dieser Stelle eine Kapelle gebaut. Es ist jedoch unklar, ob man diese um den „Heiligenstock" herumbaute oder das wundertätige Bildnis im Inneren aufstellte. Zum Namenspatron wurde der heilige Pankratius bestimmt. Es handelte sich hierbei jedoch nicht um den verunglückten Familienvater sondern um einen römischen Märtyrer. Pankratius wurde 290 geboren und schon mit 14 Jahren, im Jahre 304, in Rom enthauptet, weil er sich nicht vom christlichen Glauben abbringen lassen wollte. Er ist zudem einer der Eisheiligen und sein Gedenktag ist der 12. Mai.

Von Anfang an übten kirchliche Würdenträger ihr Amt in der Kapelle aus. So stammt die erste urkundliche Erwähnung eines Priesters aus dem Jahre 1243. Sein Name: Dietrich von Eichen.

Die Stadtchronik von August Eberlin spricht von der *„Frauenpfründe mit der St. Pankratiuskapelle in Eichen, für Eichen und in frühester Zeit auch für Hasel und Dossenbach. Sie stund am sogenannten „Kirchrain". Die Pfründe hatte hübsche Güter, welche nach der Reformation eingezogen und 1778 um 100*

Taler verkauft wurden...“. Das würde bedeuten, dass hier nicht nur diese Kapelle oder sogar Kirche stand, sondern beispielsweise auch ein Wohnhaus für den Pfarrer oder den Kaplan mitsamt Obst- und Gemüsegarten. Neben dem Flurnamen Kirchrain zeugt auch die „Kirchweid“ von dieser Tatsache. Nicht in das Wege- und Straßenregister wurde der „Prozessionsweg“ aufgenommen, der in Anlehnung an das frühere Wallfahren zu diesem Heiligtum von Einheimischen so genannt worden sei.

Eine gewisse Bedeutung schien diese Anhöhe schon lange vor ihrer Wallfahrts-Zeit gehabt zu haben. So fand man bei Ausgrabungen, die in den 1970-er Jahren durchgeführt wurden, Speer- und Pfeilspitzen, die auf steinzeitliche Ansiedlungen hinweisen. Später müssen wohl auch die Römer diese strategische Stelle erkannt und sich hier niedergelassen haben. Das sollen Scherbenfunde und Böden aus Ziegelplatten bezeugen.

Die auf dem hügeligen Berg mit Blick auf das schöne Wiesental liegende Kapelle gibt es schon lange nicht mehr. Sie soll im 18. Jahrhundert wegen Baufälligkeit abgerissen worden sein. Erhalten geblieben ist nur ihr Wappenstein, der aus der Regierungszeit des Markgrafen Christoph I. von Baden (1453 – 1527) stammt. Er ist heute an der Außenwand der neuen Eichener Kirche eingelassen, die 1818 errichtet wurde.

Das Gebet um den Rebensaft
Die Wandlung des Wassers des Eichener Sees in Wein

In aller Munde schien früher der Wein aus Eichen zu sein. So vermerkt der Schopfheimer Stadtpfarrer August Eberlin in seiner Chronik, dass 1772 der Wein beispiellos geraten sei, ohne jedoch direkt Bezug auf Eichen zu nehmen. Vom einstigen Weinbau in Eichen zeugen heute nur noch die Straßennamen „An der Weinhalden“ und „An der Rebhalden“. Nachfolger des Weins wurde im Laufe der Zeit der Schnaps.

Der Wein wird auch in Verbindung mit dem „Eichener Heiligen“, Pankratius, in Verbindung gebracht, zumindest in einem Gedicht, das ein *Emil Faller* verfasst hat. Hier sein Gedicht:

Merkwürdigkeiten um den Eichener See
- eine neckische Legende -

*Da war Meister Pankraz von Schopfen.
Der lustigste Wirt von der Welt.
Dem gingen die Markgräfler Tropfen
Einst aus wegen Mangels an Geld.
Da seufzte er schwer, da schloss er das Haus,
Wallt stumm zu den Eichener Höhen hinaus,
Und betet in Frühdämmerhelle
Vor des Schutzpatrons Wallfahrtskapelle:*

*»O heiliger Pankraz von Eichen!
Ich sitze verwünscht auf dem Leim;
O lass, o lass dich erweichen!
Ich hab' keinen Batzen daheim.
Die Zeilen sind bös und der Keller ist leer.
Der Wyler und Grenzacher laufen nicht mehr.
Und Käse und Schinken – handkehrum -
Sind alle verschwunden, Herr Jerum!*

*O hilf! - Es könnt' ja nicht nasser
Das Wetter, das heurige sein:
Es gab so erschrecklich viel Wasser -
Gäb's davon nicht auch etwas Wein?
Sieh' Fässer, die Fülle habe ich noch:
Komm', thu nur ein Wunder, und füll' mir sie doch!
O, herrlich war' - ohne Accise -
So eine Gnade wie diese!«*

*Der heilige Pankraz von Eichen.
Der lächelt dabei ganz vergnügt.
Gefunden dünkt ihm das Zeichen.
Das vielen Wünschen sich fügt.
Er hat so ein Seelein im Walde da drin;
Das dumme Wasser, das weiß nie wohin.*

Und steigt jeden Regentagmorgen -
Es macht ihm viel Kummer und Sorgen.

»Nun denn!“ spricht tröstlich der Gute,
(Es klang wie Windharfenton)
»Geh‘ wohlgemut! Ich überflute
Die Fässer mit Wein dir, mein Sohn.
Mir kommt‘s auf ein Kana-Wunder nicht an:
Ich schaff nur dem Eichener See einmal Bahn.
Und lasse ihn ab in die Keller
Verschiedener braver Hoteler.«

Das hört‘ Meister Pankraz von Schöpfen.
Und kehrte voll Dankes nach Haus.
Das Herz thät vor Freuden ihm klopfen:
Nie ging ihm der Segen mehr aus.
Er zechte und schenkt‘ ihn ganz kreuzfidel.
Dem Schutzpatron dienstbar mit Leib und Seel.
Bis ihn der Tod einst beim Glase
Sanft holt‘ an der purpurnen Nase.

Und seitdem scheint nimmer zu stocken
Der Quell, den der Heilige schuf:
Der See liegt meistenteils trocken.
Sein Wunder kam heimlich in Ruf:
Wohin die Flut rinnet, das weiß niemand;
Doch rings ist der Eichener Wein wohlbekannt
Zumal so in nassern Jahren -
Wir haben‘s All‘ sattsam erfahren.

Emil Faller

Hochwasserschutz

Ist einer drohenden Apokalypse vorgesorgt?

Eine Flutkatastrophe mit apokalyptischen Ausmaßen ist für Eichen prophezeit. *„Nach der Sibyllen Weissagung wird der See einmal ausbrechen und halb Eichen und den westlichen Teil Schopfheims samt Kirche wegreißen. Den Kirchenschlüssel wird man dann in Höllstein wiederfinden“*, so steht es in einer Sage, aufgeschrieben im Volkssagenbuch aus dem Jahre 1851 (siehe Seite 28). Dass diese Angst vor einem „Eichener Tsunami“ in der Vergangenheit nicht unbegründet war, zeigt ein Bericht aus dem Markgräfler Tageblatt aus dem Jahre 1910, in dem steht, dass der See *„in diesen Tagen riesige Ausmaße angenommen hat und droht, nach Eichen auszubrechen“*. Ob jedoch der besagte Schlüssel bis in das fast neun Kilometer entfernte Steinen-Höllstein gelangt wäre, scheint eher fraglich.

Der brave Dorfbach wurde zum reißenden Fluss

Zum Glück hat der See bisher nicht für solche Schlagzeilen gesorgt. Eine Katastrophe gab es trotzdem: Anfang Mai 2000 setzten sintflutartige Regenfälle den halben Ort unter Wasser - und das gleich zweimal hintereinander. Das von den Hängen des Dinkelberges strömende Wasser unterspülte die Straße an der oberen Ortsausfahrt und verwandelte den Dorfbach in einen reißenden Fluss. Zahlreiche Keller, Scheunen und Garagen, ja ganze Höfe im Dorf liefen voll Wasser. Teilweise stand das Wasser meterhoch. Das Wasser soll wie aus Röhren auf die Häuser zugeschossen sein, berichtete ein Augenzeuge. Die Feuerwehr hatte bis 2 Uhr morgens alle Hände voll zu tun, das Wasser aus den Kellern auszupumpen.

Die Stadtverwaltung beschloss daraufhin Maßnahmen zum Hochwasserschutz, damit bei einer Jahrhundertflut wie dieser, der Ort besser geschützt werde. Da eine Erweiterung bzw. Vergrößerung des Dorfbaches nicht möglich war, wurde eine unterirdische Lösung realisiert.

Zwischen 2008 und 2011 wurde der halbe Ort aufgegraben und ein weitgehend unterirdisch geführter Entlastungskanal verlegt, der das Wasser über einen Bypass direkt in den Fluss Wiese leitet. Diese Maßnahmen einschließlich des Baus eines Stellwerkes haben der Stadt fast 4 Millionen Euro gekostet.

Fraglich ist jedoch, ob bei einem Ausbrechen des Sees entsprechend genannter Weissagung dieser Hochwasserschutz greift. Denn dieser dient nur dazu, das an der Oberfläche entstehende Niederschlagswasser abzuleiten. Zum Glück rechnet niemand mit dieser Apokalypse und verbannt sie in das Reich der Fabel- und Legendenwelt.

Eine erste Bewährungsprobe musste das Stellwerk im Juli 2014 bestehen. Nach starken Regenfällen war das Wasser im Stellwerk enorm angeschwollen, hielt aber der Belastung stand, auch wenn auf dem Hof der ehemaligen Gastwirtschaft „Sonne“ einige geringfügige Schäden auftraten. Das Haus selbst blieb jedoch trocken.

Mehr bauen — mehr Hochwassergefahren

Dass Eichen im Jahre 2000 von einer schweren Hochwasserkatastrophe heimgesucht wurde, lag in der Tatsache begründet, dass das von oben kommende Wasser immer weniger frei abfließen bzw. versickern konnte. Grund dafür ist

Vom Hochwasser verschont: Die ehemalige Gaststätte „Sonne" - hier auf einer alten Postkarte

der Ausbau von Kellern zu Einliegerwohnungen, Scheunen und auch die Versiegelung von Streuobstwiesen.

So wurden Baulücken geschlossen, wo vorher Wasser frei durchfließen konnte. Diese haben das Schadenspotential anwachsen lassen und es wurde eine kritische Masse erreicht. Jetzt ist Eichen mit einem HQ 100 eingestuft, das heißt, es wird statistisch alle 100 Jahre mit einer Erreichung oder Überschreitung der Pegelerhöhung eines Gewässers gerechnet, sprich mit einer Jahrhundertflut. Dieser Wert ist relevant für Maßnahmen der Hochwasservorsorge und des Hochwasserschutzes und dient der Dimensionierung von hochwasserrelevanten Anlagen wie Dämme und Brücken.

Hochwasserschutzmaßnahmen

Eichen „schwätzt“ alemannisch

Wer als Nicht-Einheimischer Eichen und den Eichener See besucht, oder uberhaupt in dieser Gegend unterwegs ist, kommt auch meist mit der Bevölkerung in Kontakt. Dabei wird er überrascht sein, denn hier spricht man anders, und zwar überwiegend alemannisch. Das kann leicht zu Konflikten führen, wenn man nicht weiß, dass einige Wörter eine andere Bedeutung haben als sie klingen. Wenn ein Einwohner ausruft, dass es heute nach „Ross schmeckt“, muss der Fremde nicht denken, dass es hier eine Gaststätte gibt, in der Pferdefleisch auf der Speisekarte steht. „Schmecken“ heißt einfach riechen. Hier riecht es also nach Pferden! Und sollte er mal beim Frühstück ein Müsli im Restaurant bestellen, kann das fatale Folgen haben. Denn das bedeutet im Alemannischen eine kleine Maus! Auch geht man hier zu einem „Fescht“ und öffnet nicht das Fenster sondern das „Fenschter“.

Lange Zeit war die Bezeichnung „alemannisch“ nicht üblich. Es war der große Dichter Johann Peter Hebel (1760 - 1826), der mit seinen 1803 in erster Auflage erschienenen „Allemannischen Gedichten” den Bann brach, dieser Bezeichnung zum Durchbruch verhalf und seine Wiesentäler Mundart „alemannisch” nannte. Auch in diesem Buch, das Sie hier in den Händen halten, wird alemannisch gesprochen - in Form von Gedichten und Liedern. Um einen kleinen Einblick in diese Mundart zu geben, wird an dieser Stelle ein kleines Wörterbuch angeboten („Gut zu wissen“ - Seite 121).

Die Alemannen: „zusammengespülte und vermengte Menschen“

Wer waren die Alemannen, woher kamen sie und wo liegt ihr Namensursprung? Vieles davon liegt immer noch im Dunkeln. Der erste, wirklich gesicherte Beleg für den Namen der Alemannen stammt aus dem 3. Jahrhundert aus Trier. Ein spätantiker Autor bezeichnete sie als „zusammengespülte und vermengte Menschen“. In der Tat besteht ja der Name aus zwei Bestandteilen: all, sprich alle und Mann oder Mannen, was soviel wie die Gesamtheit von Menschen/Männern bedeutet. Unbestritten ist, dass die Alemannen zwar ein Volk waren, sie jedoch kein richtiges Reich besaßen, d.h. dass kein Staat existierte. Ähnlich den Juden waren sie unter vielen Völkern zerstreut. Gleichwohl heißt Deutschland, obwohl es nie ein Staatswesen Alemannien gegeben hat, bei vielen Völkern Alemania oder Allemagne. Und wäre im Jahre 1953 das Parlament in Stuttgart über seinen Schatten gesprungen, als es darum ging, die beiden Länder Württemberg und Baden zusammen mit dem ehemals preußischen Landesteil Hohenzollern zu einem Land, einem Südweststaat, zu vereinigen, würde heute das Doppel-Land statt Baden-Württemberg „Alemannien“ heißen.

Doch dieser Vorschlag erhielt 0 Stimmen. Vielleicht auch deswegen, weil dieser Name das Land gespaltet hätte: in Badner, Schwaben und „echte“ Alemannen. Dazu gesellen sich noch Mischformen wie die, die der alemannisch-fränkischen Mundart zuzuordnen sind. Obwohl in allen alemannisches Blut fließt, beansprucht jeder für sich gewissermaßen eine eigene Identität, ja sogar ein eigenes Territorium. Die Badner sprechen vom Badnerland oder Badener Land und besingen es in ihrer eigenen Nationalhymne, dem Badnerlied (*„Das schönste Land in Deutschlands Gau, das ist mein Badnerland.“*). Die Schwaben bewahren ihre Individualität in ihrem „Schwabenland“ und unterstreichen ihre Eigenheiten und Besonderheiten in der „Schwabenhymne“ (*„Wir können alles. Außer Hochdeutsch“*). Und die, die sich den ursprünglichen Alemannen zugehörig zählen, finden sich größtenteils wieder im Badner Land, aber auch in Schwaben, dem Elsass, ja sogar bei den Franken (siehe Verbreitungsgebiet Karte). Trotz aller Getrenntheit eint sie ein Ereignis: die schwäbisch-alemannische Fasnacht. Da haken sich alle wieder unter und singen gemeinsam Lieder.

Großes Verbreitungsgebiet

Für viele ist das Alemannische erstaunlich gut vertraut, egal ob sie im Badener Land auf „badisch“ oder auch in Schwaben auf „schwäbisch“ treffen. So wird von Schweizern berichtet, die zum ersten Mal ins „Ländle“ kamen, dass sie überrascht waren, dass die Menschen hier „Schweizerdeutsch“ oder auch „Schwizerdütsch“- also eigentlich ihre Sprache sprechen. Tatsächlich gibt es viele Gemeinsamkeiten und Ähnlichkeiten zwischen dem Alemannischen und dem Schweizerdeutschen. Das Gleiche kann passieren, wenn jemand aus Liechtenstein, Teilen von Österreich oder auch Frankreich kommt. Denn alemannisch wird in sechs Staaten gesprochen: in Deutschland (Teile von Baden-Württemberg und Bayern (Allgäu)), in Frankreich (Elsass), in Österreich (Vorarlberg), dann im Fürstentum Liechtenstein, in der deutschsprachigen Schweiz und in kleinen Sprachinseln in Norditalien, z. B. in einzelnen Walser-

Die Dialekte in Baden-Württemberg

siedlungen. Dieses große Verbreitungsgebiet hat dazu geführt, dass es unterschiedliche Begriffe für ein und dieselbe Sache von Gegend zu Gegend gibt.

Alemannische Lebensart

Zur alemannischen Sprache gesellt sich eine alemannische Lebensart, die mit viel Liebe, Begeisterung und persönlichem Engagement gepflegt wird. So ist

Bräuche/Traditionen: Scheibenfeuer bzw. Scheibenschlagen, alemannische Fasnacht, Maibaumstellen

die Gegend um Eichen und auch der Ort selbst reich an Bräuchen, Traditionen und Sitten. Aufzuzählen sind das traditionelle Scheibenfeuer/Scheibenschlagen, bei dem mit Hilfe eines Stockes eine Scheibe entweder mit einem Gruß des Schlägers an eine andere Person oder mit einem kleinen Vers in die Dunkelheit geschleudert wird. Dann das „z'Licht goh", wo die Menschen beim Kerzenschein zusammensitzen und „schwätzen" oder das Eierspringen, bei dem es um einen Wettlauf um das Ei geht. Zu den Traditionen gehört ebenso das jährliche Maibaumstellen der Eichener Jugend. Gepflegt wird auch die alemannische Fasnacht. Dabei werden Häuser mit lustigen Sachen und Gegenständen geschmückt. Aktiv sind in dieser Zeit ebenso die „Eiemer Seewichte", die Schabernack treiben und Klein und Groß zum Narren halten (s. Seite 142).

Einsatz und Engagement des Brauchtumsvereins Eichen

Ein wichtiger Beitrag zur Erhaltung, Pflege und Wiederbelebung von Bräuchen, Sitten und Traditionen leistet der *„Bruuchtumsverein Eie e.V."* Seinem Engagement sind zahlreiche Aktivitäten und Veranstaltungen zu verdanken wie Aktionstage, auf denen z.B. traditionelle Handwerkstechniken gezeigt werden, Spielnachmittage für Senioren, Baden in alten Zinkwannen und Zubern für die Kinder, aber auch der Weihnachtsmarkt und der „Lebendige Adventskalender". Dabei wird täglich vom 1. bis 24. Dezember jeweils um 18.00 Uhr an einem anderen Haus ein Fenster geöffnet. Menschen treffen sich vor

dem betreffenden Haus, es wird eine Geschichte erzählt und ein Lied gesungen ... Es ist eine Gelegenheit, miteinander ins Gespräch zu kommen und die Adventszeit auf andere Weise neu zu erleben.

Das Dorfzitigs-Team: Rudi Waßmer, Heidi Tschamber, Janett Raetz, Martin Koch

Unter der Regie des Vereins erscheint einmal im Monat die „Eiemer Dorfzitig", die regelmäßig über das Vereinsleben berichtet und über die Aktivitäten im Dorf informiert. Auf Initiative des Vereins geht auch die Einrichtung eines Dorfmuseums zurück, in dem die Eichener Ortsgeschichte lebendig gehalten wird. In dem neben dem Rathaus befindlichen, ehemaligen Farrenstall, einem Gebäude, das früher der gemeindeeigenen Vatertierhaltung diente, sind viele Gegenstände aus Großvaters Zeiten, wie z.B. landwirtschaftliche Geräte, eine Dreschmaschine, ein großer Leiterwagen und viele weitere Raritäten zu sehen.

Blick ins Dorfmuseum

Dreyland-Dichterweg

Zum Erhalt der alemannischen Lebensart tragen auch Kunst, Musik und Literatur bei. Zu den bekanntesten Mundartdichtern und Schriftstellern in Schopfheim und Umgebung zählt der 1954 in Zell im Wiesental geborene Markus Manfred Jung, Sohn des bekannten Mundartdichters Gerhard Anton Jung (1926 - 1998). Seine alemannischen Gedichte und Geschichten füllen zahlreiche Bücher. Dass die Mundart ein Identität stiftendes Band ist, das Heimatgefühl fördert und die Verbundenheit der Menschen zum Ausdruck bringt, dokumentiert der „DreylandDichterweg“ am Rhein zwischen Basel, Elsass und Südbaden, genannt das Dreiländereck. An diesem trinationalen Dichterweg befinden sich beidseits des Rheins 24 Stationen mit Tafeln mit Gedichten heimischer Poeten.

Das Alemannische lebt aber auch in Liedern, beispielsweise von den „Knastbrüdern“ aus Schopfheim, den „Wunderfitzen“ aus dem kleinen Wiesental oder dem Quintett „Inflagranti Vokal“ aus Schopfheim. Auch in diesem Buch kommen sie zu Wort bzw. zu Ton (siehe ab Seite 156).

Ohne Mundart wären wir ärmer

„Beim Dialekt fängt die Sprache an“, soll Johann Wolfgang Goethe einmal gesagt haben. Und nach dem historischen Treffen zwischen ihm und dem großen alemannischen Mundartdichter Johann Peter Hebel im Oktober 1825 nahm er die Erkenntnis mit, die Muttersprache sei doch „recht eigentlich der Ort, wo die Seele ihren Atem schöpft“. Fürwahr bietet ein Dialekt oder eine Mundart wie das Alemannische eine größere Farbenvielfalt und kann mit den Untertönen mehr bieten als die deutsche Hochsprache. Das Alemannische ist auch dafür bekannt, dass im zwischenmenschlichen Bereich der Umgang liebenswert und angenehm ist.

Für den Erhalt und die Pflege dieser Mundart, insbesondere in Südbaden, setzt sich die 1965 in Freiburg gegründete „Muettersproch-Gsellschaft“ ein. Sie zählt mit ihren über 3.500 Mitgliedern, die in 24 Regionalgruppen organisiert sind, zum größten Mundartverein in Deutschland. Als Außengrenzen der Gesellschaft gelten der Bodensee, Offenburg und das Dreiländereck. Für Eichen, Schopfheim und das Wiesental ist die Regionalgruppe Wiesental mit zur Zeit 114 Mitgliedern aktiv.

„Schwarzwaldromania”

Die alemannische Mundart der Schwarzwälder ist immer wieder Gegenstand von Forschungen. Ein wichtiger Schwerpunkt dabei ist die Herkunft und Geschichte von Bach-, Berg-, Flur- oder Gewannnamen. Ein bedeutendes Werk dazu liegt von Prof. Dr. Kleiber vor mit dem Titel: „Schwarzwälder Namenbuch. Die Schwarzwaldromania in sprachlicher und außersprachlicher Sicht“.

Das Buch ermöglicht einen Blick in die frühalemannische Siedlungszeit, die späte Römerzeit und in die Epoche, als Alemannen mit Romanokelten in Schwarzwälder Tälern nebeneinander siedelten. Es war die Zeit, in der die Grundlagen für ein jahrhundertelanges Zusammenleben im künftigen Europa gelegt wurden.

„Gut zu wissen“
Kleines Wörterbuch alemannisch - deutsch

allgemein

zämme	zusammen
wunderfitzig	neugierig
nomol	noch einmal
sällemol	damals
selleweg	deshalb
welleweg	sowieso
abi	runter, hinab
Getti, Gotti	Pate, Patin
kuhafiddle-fischter	stockdunkel
Fiddle	Hintern
Hock	gemütliches Beisammensitzen
eweng	wenig
schee	schön
nit	nicht
zuem Bischpiil	zum Beispiel
Zit	Zeit
ebbis	etwas, ein bisschen
Gascht	Gast
Zittig	Zeitung
Velo	Fahrrad
hää?	wie bitte?

Bezeichnung von Personen

Ä Mämmä	Einer, der sich nichts traut
Ä Doddeli	ein Trottel
Buscheli	Baby
cleinä	
Seicher	kleiner Bub
Düplischissser	ein ganz Perfekter
Fägnäscht	unruhiges Kind
Giznäbber	Geizkragen
Pfluddä	dicke Frau
Schlappe-flicker	Schuhmacher
Schnarchzapfä	Langschläfer

Nahrungsmittel

Anke	Butter
Bibbelichäs	Frischkäse
Birä	Birnen
Chriesi	Kirschen
Krumbirä	Kartoffeln
Herdöpfelstock	Kartoffelbrei
Öpfel	Apfel
Zibärtli	Pflaume

Die Lenk-Plastik in Schopfheim als Symbol des Widerstandes gegen die Staatsmacht. Bürgermeister Christoph Nitz gibt sich volksnah beim „Pfännle“ des SWR (2015)

Die (un)heilige Allianz:
Eichen wird unfreiwillig Stadtteil von Schopfheim

Das Dorf Eichen mit seinem Eichener See ist heute ein Ortsteil der nahe gelegenen Stadt Schopfheim. Eingemeindet wurde es im Jahre 1975. Ihre Selbstständigkeit und Souveränität hatten die Eichener jedoch nicht freiwillig aufgegeben: sie wurden dazu per Gesetzeskraft (durch die baden-württembergische Gebiets- und Verwaltungsreform) gezwungen. Bis zum Schluss hatten sie sich gegen diesen Zusammenschluss mit der Markgrafenstadt Schopfheim gewehrt - trotz eines verlockenden, ausgelegten Köders wie das Eingemeindungsgeld. Der letzte verzweifelte Akt eines jahrelangen Aufbäumens wurde in der Silvesternacht zum 1. Januar 1975 vollzogen. Denn in dieser Nacht zog eine Handvoll junger Burschen in einem Trauerzug einen Bestattungswagen (heute im Dorfmuseum zu bewundern) mit einem schwarzen Sarg zum Kronenbrunnen der Gemeinde und „bestatteten“ dort das Ortsschild „Eichen - Landkreis Lörrach - Zollgrenzbezirk“. Dabei sprachen sie das Gebet: *„Dr. Vetter, du in Schöpfe, geheiligt werde dein Name, dein Reich komme, dein Wille geschehe, wie in Schöpfe, so in Eichen...“.* Mit Dr. Vetter war der damalige Bürgermeister von Schopfheim gemeint.

Neuer Ortsmittelpunkt

Mit ihrem Rebellentum bewiesen die Eichener Bürger Selbstbewusstsein, Standhaftigkeit und Bodenständigkeit - Eigenschaften, die in der Eiche, die das Ortswappen von Eichen ziert, symbolhaft zum Ausdruck kommen. Im Laufe der Zeit mussten sie sich jedoch dem Ortsteil-Schicksal ergeben. Den Verlust des Bürgermeisteramtes machten die Eichener 10 Jahre später mit der Durchsetzung eines eigenen Ortschaftsrates wett, ein Ereignis, das sich segensreich für die Gemeinde auswirkte.

Mit seiner Hilfe und der neuen Partnerschaft erhielt Eichen Ende der 1980-er Jahre eine praktische Mehrzweckhalle, die Hülschematthalle, die sich zu einem neuen Dorfmittelpunkt entwickelte. Heute hat hier der Wochenmarkt seinen angestammten Platz oder das jährliche Maibaumstellen der Jugendlichen. Noch vor ihrer offiziellen Eröffnung wurden in der Halle DDR-Bürger untergebracht, die kurz nach dem Mauerfall eine neue Heimat suchten. Ihr Empfang gestaltete sich zu einem Willkommensfest für die „Ossis", die von den Bürgern von Eichen herzlich mit Brot, Wein und Obst begrüßt wurden.

In dem zweigeschossigen Haus, in dem in der obersten Etage ein großer Saal nebst Bühne untergebracht ist, finden eine Vielzahl von kulturellen wie auch privaten Veranstaltungen statt, wie das jährliche Seniorentreffen oder Tanzkurse. Auch der traditionelle Gesangsverein Eichen, der im Jahre 2015 seinen 150. Geburtstag feiern konnte, hat hier schon in mehreren Auftritten sein Können unter Beweis gestellt. Im Erdgeschoss ist der evangelische Kindergarten untergebracht und in der Sporthalle trainieren Kinder ab 6 Jahren Karate, eine Kampfkunst, die u.a. Selbstsicherheit und Selbstvertrauen schult. Im gleichen Jahr erfolgte die Sanierung des Rathauses und die dunklen Ecken des kleinen Dorfes wurden besser beleuchtet. Dank der Stadt Schopfheim wurden in Eichen später auch Hochwasserschutzmaßnahmen realisiert, die den Ort vor weiteren Hochwasser-Katastrophen schützen sollen.

Eigenes Dorfmuseum und Dorfzeitung

Einen wichtigen Beitrag zum dörflichen Leben in Eichen leisten die Vereine. Hier hat sich ein Wandel vollzogen. Alteingesessene Vereine, wie der Militärverein und Frauenverein - außer dem 1865 gegründeten Gesangsverein - haben die Zeit nicht überlebt. Stattdessen sind neue Vereine hinzugekommen, so im Jahre 1978 die Sportgemeinschaft Eichen und 1986 die Eichener Seeteufel, die sich später in „D`Eiemer Seewicht“ umbenannten. 20 Jahre später erfolgte die Gründung des Brauchtumsvereins, dem in der Folgezeit viele Aktivitäten zu verdanken sind, wie die jährlich stattfindenden Aktionstage, Seniorennachmittage oder auch das „lebendige Weihnachtsfenster“. Höhepunkt der Aktivitäten des Vereins war die Eröffnung eines eigenen Dorfmuseums im Mai 2007. Fünf Jahre später erblickte Dank des Vereins die erste Dorfzeitung das Licht der Welt: Die „Eichner Dorfzitig“. Die einmal im Monat erscheinende und in alle Haushalte verteilte, kostenlose Zeitung berichtet von den dörflichen Aktivitäten, den Vereinen und sie bietet allerlei Informatives und Wissenswertes für die Dorfbewohner und ihre Gäste.

Traditionelle Bewirtung am Eichener See durch Vereine, wie dem Brauchtumsverein

Diese Aktionen und Maßnahmen trugen dazu bei, dass sich nach und nach eine neue Identität entwickelte, die mit einer Erstarkung des dörflichen Lebens und einem intensiveren Zusammenhalt der Gemeinschaft verbunden war. Die sprichwörtliche Fruchtbarkeit der Eichener Landschaft, von denen heute zahlreiche stattliche Bauernhöfe zeugen, hat den Einwohnern von Eichen neue Schaffenskraft, Kreativität und Stärke beschert.

Ob diese Entwicklung dem neuen Schutzpatron, dem Erzengel Michael, der das Stadtwappen von Schopfheim ziert, zu verdanken ist und der nunmehr auch über Eichen seine Flügel ausgebreitet hat, bleibt dem Leser überlassen. Jedenfalls scheinen diese zwei Patrone - eine Eiche (bodenständig, standhaft und verwurzelt) und ein Engel sich positiv und förderlich ausgewirkt zu haben. Eine ausgewogene und sich ergänzende Partnerschaft zwischen beiden „Geistern“, die dem Wohl von Eichen und seinen Bewohnern dienlich ist.

Der Engel im Stadtwappen

Seit 1529 ziert der Erzengel Michael mit seinem Schwert das Stadtwappen von Schopfheim. Es wurde der Stadt von Markgraf Ernst von Baden als Dank für die während des Bauernkrieges bewiesene Herrschaftstreue verliehen (die Stadt hatte sich nicht an den Aufständen des Bauernkrieges beteiligt). Warum gerade dieser Engel ausgewählt wurde, ist nicht genau bekannt. Jedoch soll es üblich gewesen sein, dass auf einem Gebiet, auf dem vorher Heiden gesiedelt hatten (im Bereich der Schopfheimer Innenstadt hatten Römer ein Anwesen und evt. eine Straßenstation), nach deren Abzug oder Vertreibung Kirchen mit dem Schutzpatron „St. Michael" errichtet wurden.

Die Wappen von Schopfheim und Eichen

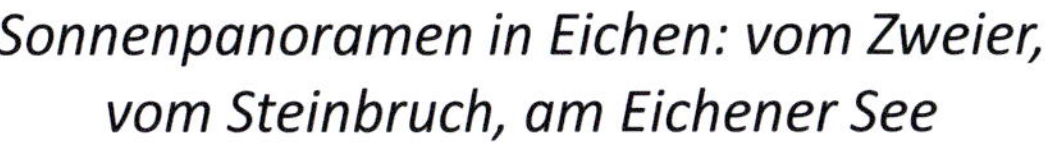

Sonnenpanoramen in Eichen: vom Zweier, vom Steinbruch, am Eichener See

Das Eichener Schlössle

Am Kreuzungspunkt zweier Handelsstraßen

Der Ort Eichen verfügt über zwei natürliche Anhöhen links und rechts des Dorfbaches, die strategisch wichtige Punkte darstellen und seit Frühbeginn der Zeit bei Siedlern begehrt waren. Beide Stellen boten einerseits einen ungestörten Blick in und über das Wiesental, andererseits lagen sie am Schnittpunkt von zwei alten Handelsstraßen: einer „Wiesental-Trasse", deren Weg der Fluss Wiese vorgab und Basel mit dem Schwarzwald verband, sowie einer „Wehrer-Trasse", die die Kerbe nutzte, die der Eichener Dorfbach in das Tal geschnitten hatte und vom nördlichen Breisgau über Wehr ins Wehratal bis hin zum Hochrhein reichte. Im Zentrum des Taleinschnittes liegt heute das Dorf Eichen. Auf seiner linken Seite, direkt am Dorfrand, führt die Umgehungsstraße zwischen Schopfheim und Wehr (Bundesstraße B 517) entlang, während auf der rechten Seite sich die ursprüngliche Verbindung nach Wehr und ins Wehratal befindet. Der Name der Straße: Alte Wehrer Straße.

Xylographie vom Schloss Eichen, 1909

Bau an einem geschichtsträchtigen Ort

Wer den Eichener See besuchen möchte, kommt an diesem Weg in der Regel nicht vorbei. Am Beginn des Anstieges dieser Straße befindet sich ein wichtiger Kreuzungspunkt der beiden genannten Fern- und Handelswege, auf dem früher Reisende unterwegs waren und Güter transportiert wurden: Das Eichener Schlösschen. Die Bebauung an diesem bedeutenden und geschichtsträchtigen Ort wechselte im Laufe der Jahrhunderte. Verbrieft in den Akten ist nur ein Hof an dieser Stelle, ein sogenannter Meierhof*. Er war eine der Liegenschaften, die im Jahre 807 an das Kloster St. Gallen verschenkt wurde.

Die Schenkungsurkunde, in der zum ersten Mal auch Eichen unter „Einheim" erwähnt wurde, wird heute als das Geburtsjahr des Dorfes angesehen, obwohl sich bereits Jahrhunderte früher Siedler links und rechts des Dorfbaches niedergelassen haben mussten.

Ein Schloss ohne Prinzen und Könige

Das am Hofackerweg, nur wenige Meter von der Kreuzung mit der Alten Wehrer Straße gelegene Eichener Schlösschen wurde im Jahre 1609 gebaut. Blickfang des rechteckigen Giebelbaues ist ein Achteckturm, der sich an die Giebelseite anzulehnen scheint und mit gotischen Fenstern geschmückt ist. Zum Schlössle gehört noch ein hölzerner Laubenanbau, unter dem sich ein gewölbter Keller befindet.

Das als markgräflicher Vogtshof erbaute Schlössle, das sich ohne Prunk und glänzende Fassaden zeigt, hat im Laufe seiner Geschichte weder Prinzen noch Könige erlebt. Aus- und eingegangen sind vor allem Räte und Vögte. Auch wechselte es mehrfach den Eigentümer. Bereits seit vielen Generationen ist das idyllische Haus, das unter Denkmalschutz steht, im Besitz der Familie Grether.

Die Alte Wehrer Straße ist heute eine verkehrsberuhigte Straße, die mit einer Brücke an Schopfheim angebunden wurde. Ihren Anfang markiert die 1818 erbaute, evangelische Kirche. An ihrer, dem Dorf zugewandten Giebelwand, wurde ein Wappenschild der Pankratius-Kirche angebracht, die auf der linken Seite der Anhöhe, dem „Kirchrain", stand und von der heute nur noch wenige, für die Öffentlichkeit zugeschüttete Überreste zeugen.

**Meierhof wird ein Bauerngehöft oder -gebäude benannt, in dem in seiner Geschichte einmal der Verwalter (der Meier) eines adligen oder geistlichen Gutshofes gelebt hat.*

Dorfkirche Eichen
Im 19. Jahrhundert und 2015

Der See ist nicht da (oben)   ...   er ist da (unten).

Ortssippenbücher

Lokale Geschichte erlebbar gemacht

Wer waren unsere Vorfahren? Wo lebten sie? Wann, wo und wen heirateten sie? Wie viele Kinder gebaren sie? - Wann und auch wie starben sie? Antworten auf diese Fragen können Ortssippenbücher, auch Ortsfamilienbücher genannt, geben. Sie listen nicht nur Geburten, Hochzeiten und Todesfälle auf sondern auch berufliche Aktivitäten und Zu- und Wegzüge. Selbst manch auffälliges Verhalten und nicht alltägliche Geschehnisse finden sich in diesen Ahnenarchiven. Diese Familien- und Personenauflistung, auch als Genealogie bezeichnet, gibt es erst seit den 1950er Jahren, als Familiengeschichts- und Heimatforscher begannen, in mühevoller Kleinarbeit alte Kirchen- und Familienbücher zu erforschen und auszuwerten. Mit diesen können nun familiäre Verflechtungen und Verbindungen zurückverfolgt werden, so dass heutige Familien auf Daten ihrer Ur-Ur-...Groß-Eltern zurückgreifen können. So werden Familiengeschichten sichtbar und aus dem Vergessen geholt.

Daten von 48.500 Personen und 12.150 Familien

Auch Schopfheim kann sich glücklich schätzen, bis heute zwei dieser Bücher zu besitzen. Das erste Ortssippenbuch reicht vom Beginn der Aufzeichnungen im Jahre 1605 bis 1810 und umfasst Schopfheim mit den Ortsteilen Eichen, Fahrnau, Kürnberg, Langenau, Raitbach und Wiechs sowie Hausen im Wiesental und Gersbach. In diesem sind die Lebensdaten von ca. 30.000 Bürgern bzw. ca. 7.000 Kernfamilien verzeichnet. Band II umfasst die Auswertung der Kirchenbücher für die gleichen Orte wie Band I, jedoch für die Jahre 1810 bis 1870. Hier finden sich rund 18.500 Personen und 5.150 Familien wieder. Beide Bücher wurden durch eine Arbeitsgemeinschaft des Geschichtsvereins Markgräflerland erarbeitet. „Wir holen die Menschen aus dem Vergessen heraus“, beschreibt Klaus Strütt, der entscheidend bei der Erarbeitung mitgewirkt hat, die Arbeit des Teams. Jeder bekomme damit einen Namen, jeder kann „erweckt“ werden. Die Schwierigkeiten des Auswertens der alten Kirchenbücher waren enorm. „Jeder Pfarrer hat anders geschrieben. Die Schrift war teilweise schwierig zu entziffern“, beschreibt Strütt die Probleme. Auch gab es bis 1900 keine Regeln, wie Namen geschrieben werden. So haben Pfarrer, die aus anderen Gegenden stammten, z.B. aus Sachsen, und kein alemannisch

Klaus Strütt bei seinem Vortrag im Dorfmuseum Eichen

verstanden, anders geschrieben als die einheimischen Geistlichen. Das hatte zur Folge, dass selbst in der eigenen Familie die Namen unterschiedlich geschrieben wurden.

Ungewöhnliches und Ungehörigkeiten

Die Bücher zeichnen auch ein Bild der Sittengeschichte, geben Auskunft über Ungehörigkeiten, ungewöhnliche Geschehnisse und die Lebensweise der Menschen. Einträge wie „aus Unzucht geboren“ oder „Bastard“ deuten auf Liebschaften und uneheliche Sprösslinge hin. „Aus frühem Beischlaf entstanden“ schrieb ein Pfarrer, da das Kind noch vor dem 9. Monat nach der Hochzeit geboren wurde. Bei Johanna, die am 8. April 1693 geboren wurde, steht der Eintrag: Sie war „eine „Mißgeburt mit 4 Armen, 4 Füßen, 4 Ohren, wurde notgetauft und ist bald darauf verschieden.“ Von einem Jacob Weniger aus Gersbach wird berichtet: „In der Wohnstube des Hauses von dem Blitz getroffen und erschlagen worden, wie die Malzeichen an dem Haupt, an Achseln und Brust zu sehen waren. Das Haus ist zugleich angezündet worden und abgebrannt.“ Bei Hans Kaufmann aus Schopfheim steht am 11. Oktober 1681: An der Schwindsucht „wegen dem vielen Wein saufen“ gestorben.

Ertrunken im Eichener See

Aus dem ersten Buch ist auch zu entnehmen, dass drei Personen im Eichener See ertrunken sind. Alle ertranken im Jahre 1772 - und zwar am selben Tag. Im zweiten Buch existiert kein Nachweis über einen ähnlichen Fall. Diesem Ereignis verdankt der See seine erste „urkundliche“ Erwähnung. Die Stadt-Chronik des Pfarrers August Christian Eberlin, evangelischer Stadtpfarrer von 1876-1887, aus dem Jahre 1878, berichtet vom gleichen Fall, nennt aber vier Todesopfer: *„Am 10. Mai des Jahres 1772 ertranken im Eichener See 4 Personen: der Sohn des Hans Jörg Steinhausers von Eichen, ein lediger Wollweber aus dem Bernerbiet, 2 Mädchen, nämlich Leonhard Währers Tochter von*

Dossenbach und des Martin Lauchenauer von Eichen." Fast 100 Jahre später gab es ein weiteres Todesopfer: Am Palmsonntag des Jahres 1876 ertrank ein Weber aus Wehr.

Verschmelzung zwischen Deutschen und Schweizern

Schopfheim und die Schweizer – das ist ein besonderes Kapitel, das einer Würdigung bedarf. Ausgangspunkt war der Dreißigjährige Krieg (1618-1648), der nicht nur die Dörfer und Städte verwüstete, er hinterließ auch eine stark dezimierte Bevölkerung. Nach dessen Beendigung kamen viele Schweizer in diese Gegend und ließen sich hier nieder. Die gemeinsame alemannische Muttersprache ließ eine Verständigung und ein Einleben leicht zu. So vermischten sich die Reste der Eingesessenen mit den eingewanderten Schweizer.

Besonders zahlreich fanden Hirten und Müller aus der Schweiz ihren Weg in das verwüstete Land und arbeiteten am Anfang als Knechte und Mägde. In der Folge heirateten einheimische Witwen oder Witwer in zweiter Ehe den Handwerksgesellen oder die eidgenössische Magd. Sehr oft fanden sich aber auch Ehepaare gemeinsamer Herkunft zusammen.

Info:

Ortssippenbücher

- Schopfheim mit Ortsteilen Eichen, Fahrnau, Kürnberg, Langenau, Raitbach und Wiechs, sowie Hausen im Wiesental und Gersbach von 1605 bis 1810 (Band I), 1. Auflage 2010, 1132 S.
- Schopfheim mit Ortsteilen Eichen, Fahrnau, Kürnberg, Langenau, Raitbach und Wiechs, sowie Hausen im Wiesental und Gersbach von 1810 bis 1870 (Band II), 1. Auflage 2014, 1076 S.

Eichen: Schöpferisch + Kreativ

Kunst aus Heu und Lehm

Kunst und Kultur spielen in Eichen eine wichtige Rolle. In ihnen offenbart sich die Vielfalt und Kreativität des Ortes und seiner Bewohner. Neben zahlreichen Aktivitäten der Vereine rücken auch immer wieder künstlerische Arbeiten ins Licht der Öffentlichkeit. Zwei Beispiele dafür sollen hier aufgeführt werden.

Kunst aus Heu: Das „Heu-Hüttle" in der Webergasse

Mäuse waren die ersten Tiere, die das Licht der Welt als Heutier erblickten. Nach und nach wurden sie immer größer. Es kamen Giraffen, Löwen, Pferde und Hirsche hinzu. Seit 1999 zaubert Sylvia Bugmann-Lämmle aus getrocknetem Gras Tiere und Dekorationen und stellt Sonderanfertigungen her. Tatkräftig unterstützt wird sie dabei von ihrer Mutter, Jeanette Lämmle, die ihre Garage in der Webergasse in Eichen für die Ausstellung der Tiere zur Verfügung stellt. Basis der Heutiere bilden Schablonen aus Pappe, die die Künstlerin aus dem Schweizerischen Stein bei Bad Säckingen Schritt für Schritt mit Heu umwickelt. Mit Schmuckelementen haucht sie dann schließlich den Tieren ein neues Leben ein.

Zuerst waren die Tiere als Dekoration für das Haus ihrer Mutter in der Webergasse gedacht. Nach und nach interessierten sich Einheimische und auch zufällig Vorbeikommende, die so etwas Außergewöhnliches auch haben und mit nach Hause nehmen wollten. „Es ging von Mund zu Mund", berichtet Frau Bugmann-Lämmle.

Einmal zu Ostern hatten sie Osterhasen aus Heu aufgestellt. „Sie gingen weg wie nix“, freut sich ihre Mutter. Auch Sonderanfertigungen waren und sind gefragt, wie ein Frosch oder Fisch. Sogar ein Hochzeitspaar aus Heu wurde einmal gewünscht. Und: Schopfheimer Gaststätten „Zum Hirschen“ und „Zum Löwen“ wollten ihre tierischen Namensgeber leibhaftig aus Heu aufgestellt bekommen.

Gibt es in Dubai keine Kamele?

Eine besondere Geschichte verbirgt sich hinter einem Kamel. Es stand als Dekoration vor dem Haus der Mutter in Eichen, bis eines Tages ein Scheich aus Dubai auftauchte. Er war derart von diesem Tier begeistert, dass er es sofort mit nach Hause nehmen wollte. „Ich habe mich gefragt, ob es denn in Dubai keine Kamele gäbe?“, schmunzelt Frau Lämmle, die das Kamel in Folie einpacken musste, damit es den weiten Transport überstehe.

Neben ihrem Garagen-Ausstellungsort präsentieren die beiden ihre Tiere und Dekorationen aus Heu auch auf Märkten oder bei Sonderveranstaltungen. Dabei ziehen sie viele Menschen in ihren Bann, die von diesem seltenen Handwerk begeistert sind.

Kunst aus Lehm: Wichte, Gnome, Elfen und andere Fantasiewesen

Seit vielen Jahren ist Heidi Tschamber - neben ihrer ehrenamtlichen Tätigkeit im Brauchtumsverein und als redaktionelles Mitglied der Eichener Dorfzeitung - künstlerisch tätig. Die 1959 geborene Eichnerin modelliert mit Leidenschaft und Liebe vielfältige, meist mystische Figuren aus Ton: Wichte, Gnome, Elfen,

Engel und andere Fantasiewesen. Zum Leben erweckt hat sie aber auch moderne Filmfiguren, wie Yoda aus Star Wars, Neytiri aus Avatar und den Hauself Dobby aus Harry Potter. Einige von ihnen bevölkern ihr Haus in der Oberdorfstraße und ziehen mit ihrer oft schelmisch-humorvollen und schrägen Art die Aufmerksamkeit vieler Besucher auf sich.

Ihre Figuren, die sie mit viel Liebe zum Detail gestaltet, präsentiert sie auf Märkten wie dem alljährlich stattfindenden Weihnachtsmarkt im Europapark Rust. Im Jahre 2016 war sie mit ihrem Stand „Kunst aus Lehm“ auf der Weihnachtswelt von Schloss Fürstenberg im Marstall in Donaueschingen vertreten. Auch auf dem Weihnachtsmarkt in Eichen können ihre Werke bewundert werden.

Auf die Idee der Gestaltung von Figuren mit Lehm kam sie beim Umbau ihres alten Bauernhauses, wo sie den Naturbaustoff kennenlernte. Beim Arbeiten mit dieser Masse merkte sie, dass man damit alles mögliche modellieren kann. Ihr erstes figürliches Objekt war ein Baum, der den Kamin emporwuchs. Seitdem hat sie sich mit Begeisterung dieser seltenen Kunstform verschrieben und erschafft vielfältige Fantasiegestalten, wobei jede Figur ein Unikat darstellt.

Die neue Seehütte

Lernfeld 8: „Errichten einer tragenden Wand" - so steht es auf dem Lehrplan für die Ausbildung zum Zimmermann an der Gewerbeschule Schopfheim im 2. Lehrjahr. Diese Aufgabenstellung konnten im März 2016 die Zimmermannslehrlinge der Schule praxisnah erproben und umsetzen: mit dem Entwurf, Bau und der Aufstellung einer neuen Seehütte am Eichener See. Unter der Leitung des Lehrers Guido Krebs wurden dafür drei Kubikmeter Douglasienholz zu einem grundsoliden Fachwerkgebäude verarbeitet. Das Holz wurde in der Schule zugesägt, die Verbindungen wurden hergestellt und das Ergebnis probehalber auf dem Schulhof aufgestellt.

Die alte Hütte

Der Bau einer neuen Hütte war erforderlich geworden, da die seit den 70er-Jahren bestehende, alte Blockhaushütte morsch und baufällig geworden war. So suchte der Ortschaftsrat von Eichen nach einer neuen Lösung. In der Gewerbeschule fand er dafür einen idealen und geeigneten Partner. „Die Jugendlichen waren mit Begeisterung beim Bau dabei", freut sich Guido Krebs.

Richtfest für die neue Hütte

Die Seehütte ist ein kleines Wahrzeichen am Eichener See. Sie dient nicht nur zum Schutz vor widrigen Wetterbedingungen, sie ist auch Ruhepol für den müden Wanderer oder ein Refugium für den stillen Natur-Beobachter. Neben der Hütte laden Bänke und ein Tisch zum Verweilen ein. An einem Feuerplatz kann gegrillt werden. Im Giebelbereich der Hütte fand die alte Tafel zum Naturdenkmal Eichener See einen ehrwürdigen Platz. Nach Absprache mit dem Ortschaftsrat kann die Hütte auch für Feste und andere Feierlichkeiten gemietet werden.

Eierspringen in Eichen: „Lunas Hasenfest"

Die Schlacht um das Ei

Uralt soll es schon sein, aber immer noch ist es sehr lebendig: Das Eierspringen in Eichen. Jedes Jahr zu Ostern, am Ostermontag, ist der ganze Ort auf den Beinen, um mit zahlreichen Gästen dieses einmalige Fest, das auf eine lange Tradition zurückblicken kann, zu feiern. Es gilt als das wichtigste Ereignis des Jahres im Ort. Eigentlich ist das Fest ein spannendes Spektakel, mehr noch ein Turnier, bei dem es, wie der Name es schon preisgibt, um Eier geht, besser um einen Kampf bzw. Wettlauf um Eier. Und dieser wird mit aller Härte und Konsequenz geführt. Dieses bizarr wirkende Schauspiel wird jedes Jahr von Hunderten von Zuschauern verfolgt und sorgt dementsprechend für mediale Aufmerksamkeit in Presse, Rundfunk und Fernsehen

Das Ei als Symbol für neues Leben

Dass das Ei im Mittelpunkt dieses Festes steht, liegt an dessen Symbolkraft für das Leben schlechthin. Es stellt in vielen Traditionen und Kulturen ein Symbol für die Fruchtbarkeit dar. Um das Ei ranken sich zahlreiche Zeremonien und Rituale, mit denen Menschen versuchen, Einfluss auf Dinge, Geschehnisse und ihr persönliches Schicksal zu nehmen. Auch das Eierspringen gehört dazu. Hier steht das Ei als Fruchtbarkeitssymbol in enger Verbindung mit dem Mond und dessen Zyklen von 28 bzw. 29 Tagen, die nicht zufällig mit dem Menstruationszyklus bei Frauen identisch sind. Nur wenn dieser Mondlauf, der auch beim Eierspringen symbolisiert wird, nicht gestört wird, können die Menschen darauf hoffen, dass der Frühling zur richtigen Zeit einsetzt, die Jahreszeiten nicht gestört werden und eine gute Fruchtbarkeit auf dem Feld, bei Tier und Mensch erzielt wird.

Aus der Zeit der Kelten stammend, feiert das Eierspringen das Erwachsenwerden, das Abstreifen einer alten Haut und Eintauchen in ein neues Leben - traditionsgemäß von jungen Männern. Dieses ist aber nicht umsonst und muss erkämpft werden. Das bedeutet nicht nur ein Kampf mit oder gegen sich selbst, sondern auch ein Kampf oder Wettlauf gegen „böse Geister“, die die Fruchtbarkeit stehlen und die Wiedergeburt verhindern wollen. Das muss auch *Gerhard Daub*, der die Tradition des Eichener Eierspringens untersucht hat, dazu veranlasst haben, das Eierspringen als „Frau Lunas Hasenfest“ - so der Titel seines Buches - zu bezeichnen.

Gerhard Daub und sein Werk

Eierkollekte im Dorf

Das Ritual des Eierspringens startet bereits am Ostersonntag mit dem Einsammeln von Eiern. Dazu zieht ein Paar, das einem Hochzeitspaar ähnelt, durchs Dorf und klingelt an den Häusern mit der Bitte um eine Eierkollekte. Dieses Paar besteht aus zwei männlichen Jugendlichen, die unverheiratet sind. Die „Frau“ nennt sich Ankenbaby, frei nach Anke = Butter im Alemannischen. Neben dieser in eine Markgräfliche Tracht eingehüllten „Butterfrau“, geht ihr

Mann, der Bärberich, in Frack, Zylinder und weißen Handschuhen. In ihrem Gefolge sind die Butzimummel, ebenfalls junge Männer, die mit einem Sammelkorb Eier - sie müssen ungekocht und unbemalt sein - und auch Butter einsammeln. Aus ihnen rekrutieren sich dann die Eierspieler des Folgetages nebst einer „Eier-Polizei".

Der Begriff Butzimummel ist nach dem Erforscher dieses Spektakels, Gerhard Daub, ein etwas derber und ungenierter Ausdruck für angehende Frauenbeglücker. Sie sind festlich aufgeputzt und tragen weiße Hosen und Hemden, an deren Ärmeln rote Bändel bammeln - ein Zeichen dafür, dass sie auch „Hochzeiter" sind. Auf dem Kopf trugen sie früher Kapuzen, die ihre Gesichter verhüllen sollten. Sie waren also vermummt (daher wohl auch der Name). Damit wollten sie darauf hinweisen, dass sie jetzt Namens- und Gesichtslose sind, die ihre Kindheit zwar abgestreift, aber die Wiedergeburt als Erwachsener noch nicht vollzogen haben. Erst auf dem Spielfeld sollten die Hüllen fallen, wollten sie in der kämpferischen Auseinandersetzung mit dem Ei, als Symbol für das Sterben und Werden ihr wahres Gesicht enthüllen und damit eine Reifeprüfung ablegen, um in die Reihe der Erwachsenen aufgenommen zu werden.

Die Schlacht um das Ei

Die am Vortag gesammelten Eier werden am Ostermontag auf das Spielfeld gebracht, das sich auf einer Anhöhe am Eichener See befindet. Dieses ist mit

vlnr: „Vorspiel": Kampf um die Titanic, feierliche Eröffnung, Mannschaftsgeist

einem Seil abgegrenzt, das die zahlreichen Besucher davor abhalten soll, ins Spiel einzugreifen. In früheren Zeiten lag diese Zeremonienstätte an der Pankratius-Kirche auf dem Kirchrain.

Das Spiel beginnt damit, dass die Eier von einem Spieler in eine Kette von insgesamt 28 Nestern aus Sägemehl gelegt werden müssen. Alle Nester müssen nacheinander aufgefüllt - und danach gleich wieder geleert werden - entsprechend dem zunehmenden und abnehmenden Mond. Dabei mimt der Eierausleger und -sammler den Lauf des Mondes nach, indem er von dem Eierkorb zu den Sägemehlhaufen und zurück kreist. Hin in größer werdenden, zurück in kleiner werdenden Kreisen.

Der Einsatz der „Saublodere"

Bewacht wird er dabei von rund zwei Dutzend Butzimummeln, die sich über das Feld verteilt haben und als „Eierwächter" oder „Eier-Polizei" fungieren. Sie sichern den ungestörten Ablauf des Auslegens und Einsammelns und damit auch den reibungslosen Umlauf des Mondes. Denn ringsherum, in den Reihen der Zuschauer, lauert das „Böse": Diebe, auch „Wölfe" genannt, die dem Eierausleger und -sammler hart auf den Fersen sind. Sie durchbrechen

Butzimummel im Einsatz gegen die Eierdiebe

„Bestrafung" mit Schuhcreme und Ruß

die Absperrung und wollen die Nester plündern. Überwinden sie ohne Berührung die Verteidigungslinie, die die Butzimummel aufgebaut haben und gelingt der Raub, darf das Diebesgut mitgenommen werden. Die Beute triumphierend in die Höhe gestreckt, dient als Schutzschild und der Dieb darf das Feld unbehelligt verlassen.

Zur Abschreckung und Abwehr bedient sich die „Eier-Polizei" einer mit Luft gefüllten Schweineblase, die mit einer Schnur an einem kurzen Stock befestigt ist: die Saublodere. Bekommt ein Dieb Kontakt damit oder wird er von einem Eierwächter berührt, muss er wieder zurück hinter das Seil. Gelingt es den Wächtern, ihm habhaft zu werden, greifen sie zu härteren Maßnahmen: Gesicht und Haare des Eierdiebes werden mit schwarzer Schuhcreme oder Ruß beschmiert, was bei den Zuschauern allgemeine Erheiterung hervorruft.

Kurz nach dem offiziellen Spielbeginn durchbrechen zwei Spieler die Zuschauermenge und machen sich auf den Weg querfeldein zum Gasthaus „Sternen" im ca. zwei Kilometer entfernten Kürnberg. Hier lassen sie sich ihre Ankunft mit Brief und Siegel vom Wirt bestätigen und eilen mit zwei Flaschen Wein als Souvenir im Gepäck schnurstracks zum Spielfeld zurück. Gelingt es ihnen, den Eierkorb zu erreichen, bevor der Eierausleger und -sammler das zuletzt verbliebene Nest geräumt hat, gehen die Läufer als Sieger hervor. Sind alle

Nester leer und die Eier wieder im Korb, gewinnt der Eierausleger und -sammler. Einfluss auf das Endergebnis nehmen natürlich auch die Zuschauer, die in das Geschehen als Diebe eingreifen können.

Alles in Butter

Ob Sieger oder Verlierer, gemeinsam wird am Abend in der Dorfgemeinschaft ausgiebig das Fest mit einem „Eier- und Ankenball“ gefeiert. Mit dabei die vom Gemetzel auf der Wiese am Eichener See übrig gebliebenen Eier - ob roh, gekocht oder gebraten. Begossen werden sie mit dem Wein aus Kürnberg, oder mit Bier und Schnaps. Die jungen Butzimummel haben im Kampf mit dem „Bösen“ ihre Reifeprüfung bestanden und ihre „Fruchtbarkeit“ erlangt. Ihre am Tag zuvor angelegte Verhüllung haben sie fallen gelassen und sind in das Reich der Erwachsenen aufgenommen worden.

Eiemer Seewichte

Hüter und Rächer des Eichener Sees

Sie hüten den Eichener See, graben nach Gold und Edelsteinen und rächen sich an treulosen Liebhabern: Die Seewichte des Eichener Sees. Die im Untergrund wirkenden und in Legenden und Mythen beschriebenen, unsichtbaren Fabelwesen kommen seit 1985 auch im realen Leben vor. Denn in diesem Jahr erblickte eine neue Fastnachtszunft in Eichen das Licht der Welt: Der „Eiemer Seewicht“. Gründungsort war das Gasthaus „Sonne“ am Ortsausgang Eichen Richtung Eichener See. Zunächst als „Seeteufel“ benannt, stellten die Gründer bald fest, dass sie sich bei der Namensbezeichnung der Figur geirrt hatten. So nannten sie sich einige Jahre später um in „Eiemer Seewicht“.

Schelmische Wichtelgesichter

Ihre schelmischen Wichtelgesichter, die spitzen, lustig anzuschauenden Filzhüte auf ihrem Kopf und ihre bunten *Häs**, die sie zu Umzügen in nah und fern zur Schau tragen, bringen immer wieder Jung und Alt zum herzhaften Lachen. Ihre Eigenart als gesellige Kerlchen zeigen sie durch neckische Streiche und spaßige Einlagen. An die Zuschauer verteilen sie Bonbons und schmeißen mit Konfetti. Ihre Verkleidung ist eine Hommage auf den See, auf das Dorf Eichen und auf den Bergbau. So symbolisieren die blauen Wellen auf ihren Jacken den Eichener See. Die golden gestickten Eichenzweige auf ihrer Hose stehen einerseits für ihr Heimatdorf Eichen, andererseits für den Reichtum der Wichte. Und ihre Holzschuhe symbolisieren den unterirdischen Bergbau. Ihre Erscheinung erinnert an die Mystik des Eichener Sees und die unter ihm verborgenen Schätze.

Silber und Gold für jahrelange Mitgliedschaft

Die jahrelange Treue zu den Seewichten ehrt der Verein auf seine eigene Art. Nach 10 Jahren Aktivmitgliedschaft oder 5 Jahren als Vorstandsmitglied gibt es den silbernen „Eiemer-Seewicht-Vereinsorden“ überreicht. Nach 20 Jahren Aktivmitgliedschaft oder nach 10 Jahren als Vorstandsmitglied wird der goldene Orden verliehen.

Die „Gründungssage" der Eiemer Seewichte:

Der Sage nach haben die unterirdisch lebenden Männlein einen Vertrag geschlossen mit dem Bauern, dem das Feld gehört. Sie bewässern das Feld, so dass der Bauer reiche Ernte hat; im Gegenzug verspricht der Bauer einem von ihnen seine jüngste Tochter als Frau. Das Mädchen wird älter, lernt einen Jüngling kennen und lieben und will vom Vertrag und den Männlein nichts mehr wissen. Das Liebespaar beschließt zu flüchten und trifft sich nachts beim Feld, um Abschied zu nehmen von der Heimat. Die Unterirdischen bemerken den Schwindel und sind darüber so erzürnt, dass sie vor lauter Wut über den Verrat das Feld mit Wasser überfluten lassen und das Liebespaar in den Wassermassen ertrinkt.

**Häs ist im schwäbisch-alemannischen Fasnachtsraum die Bezeichnung für das Narrenkostüm. Es besteht meistens aus einer holzgeschnitzten Gesichtsmaske, genannt die Larve, und einem oft handgearbeiteten Narrenkleid. Der Hästräger behält seine Verkleidung im Unterschied zu anderen Fastnachtskostümen lebenslang.*

Der Narrenruf der „Eiemer Seewichte" lautet:
-> Vorrufer: „Eie..."
-> antwortende Menge: „... am See!"
(insgesamt drei Mal hintereinander)

Unsterbliche Denkmäler für den See

... von Dichtern, Malern, Fotografen, Musikern

Ein unsterbliches Denkmal haben über fast zwei Jahrhunderte hinweg Dichter, Maler, Fotografen und auch Musiker dem Eichener See gesetzt. Und auch heute noch beflügelt er die Fantasie vielerlei Menschen und regt sie immer aufs Neue an, ihn auf Papier, Leinwand, auf ein Notenblatt oder auf die Speicherkarte zu bannen. Angezogen von der Mystik des Sees, seiner geheimnisumwobenen Geschichte und überwältigt von seiner charismatischen Ausstrahlung entstanden und entstehen Werke, die ihm einen unverwechselbaren Stempel aufprägen und in ein magisch-mediales Licht tauchen, das die Zeiten überdauern und noch Generationen in seinen Bann ziehen wird.

Folgende Seiten sind ein Versuch der Retrospektive auf wichtige alte und neue Werke und stellen eine Reminiszenz der Schaffenskraft und Ideenvielfalt der Künstler dar.

Der Eichener See
von Albert Räuber

Nit wit ab vo der Wehrer Stroß Lit z´Eie, uf der Höh,
Vo Zit zue Zit, das isch kurjos, E nette chleine See.

Er chunt as wie-n e Schelm, so still, Und goht au wieder so,
Me weiß nit, wo er ane will, Und wo er her isch cho.

Und wenn er chunnt, so sich es nit Zuer gliche Zit im Johr,
Am meiste aber, liebi Lüt, Chunnt´s doch im Früehlig vor.
Zwor isch au Heu druf g´schwumme scho Und Schlittebahn druf gsi,
Und Johr lang het er Abschied gno Und isch – wo isch er hi?

Er stellt as rechte Wundersee E Zauberbecher vor –
In Zirknitz soll´s no ein so ge, Und no-n e größre zwor.

In sellem cha me fische jo, In unsem frili nit;
Villicht gen sine Frösche no Forelle mit der Zit.

Das wär e große Ruckschritt zwor Im Walte der Natur,
So öbbis aber chunnt nit vor;´s zeigt vorwärts jede Spur.

In beide het der Jägersma Scho Hase g´jagt zuer Zit,
Und das isch ebe´s Wunder dra Jo für die meiste Lüt.

So harmlos unse See au isch Und nie ins Rase chunnt,
So will er doch – au ohni Fisch – Si Opfer ha zuer Stund.

Jo, Menschelebe het au er Scho gfordret in der Tat
Erscht neulich isch e Ma vo Wehr Ertrunke drin bim Bad.

Wie d´Chronik aber schribt, so sin Vor hundert Johre scho
Uf eimol vier Persone drin. Sogar ums Lebe cho.

Es sei e Hochzitsg´sellschaft gsi, Het d´Madlee amig gsait,
Und bi der Fahrt druf her und hi Sei plötzli s´Schiff verheit

E böse Mensch heig in der Nacht Us purer Ifersucht
E Sägischnitt ins Schiffli g´macht Und´s Heil gsuecht in der Flucht.

So het der wunderseltsam See Zwei bösi Site doch;
Me cha verdrinke drin, o weh! Verdurste au im Loch.

Gedicht
von Ingeborg Fritz

Rätselhafter Silberspiegel,
kleiner Eichener See,
zeigst dich - wie von Geisterhänden -
zwischen Tal und Höh'.

Kennst kein wildes Wellenschlagen,
nicht der Fluten Auf und Ab.
Lautlos - wie du hochgestiegen -
tauchst du auch hinab.

Sinkst zurück in ferne Gründe,
keiner weiss genau wohin
deine Wasser sich bewegen,
niemand kennt der stillen Quellen
Ursprung, Lauf und Sinn.

Träumst du unterm Sommerhimmel
abgeschieden und allein,
spiegelt deine Wasserfläche
Mond und Sternenschein.

Lächelt in der Morgensonne
dann dein Antlitz klar und rein,
bist du wie ein stummes Gleichnis:
Schönheit kann sehr einsam sein. -

Rätselhafter Silberspiegel,
kleiner Eichener See,
eingebettet wie ein Schmuckstück
in des Dinkelbergs Doline
vor des Schwarzwalds naher Höh'.

Gedicht
von Otto Würger

Hoch auf des Berges Wasserscheide
zwischen Wehra und Wiesental
da liegt ein See im grünen Kleide
mitten in hellem Sonnenstrahl.

In tiefen unerforschten Gründen
rauscht es und will empor zum Licht
bis es in vielen hohlen Schlünden
sich Bahn zur Oberfläche bricht.

Wo vorher standen gründe Saaten
wo war zur Ernte reif die Mahd
da spielen jetzo Wasserschwaden
im Bergeswinde früh und spaht.

Und auf des Sees wellgem Rücken
ein Schifflein ziehet seine Bahn
der Bursche will die Maid beglücken
o Jugendfreud, o Liebeswahn.

Geheimnisvoll wie er gekommen
fällt er und geht in sich zurück
und manche Maid, die träumt versonnen
von Gondelfahrt und Liebesglück.

Karl Friedrich Hartmann (1859 - 1923): Begeisterter Käfersammler und Fotograf

Der eifrige Käfersammler

K. F. Hartmann †, Fahrnau.

Er war Kaufmann, Käfersammler und Fotograf: Karl Friedrich Hartmann. Der 1859 in Schopfheim geborene Sohn eines Wirtes (der Vater war der Wirt „Zum Hirschen“) wuchs in einer kinderreichen Familie mit insgesamt zehn Geschwistern auf. Als er ca. zehn Jahre alt war, gab der Vater die Wirtschaft auf und die Familie zog nach Freiburg. Hier besuchte Karl Friedrich die Lateinschule. Nach der Absolvierung einer kaufmännischen Lehre kehrte er wieder in seine Heimat zurück und verdingte sich in einer Fabrik in Schopfheim-Fahrnau. Dort blieb er über 50 Jahre tätig.

In seiner Freizeit galt sein großes Interesse der *Koleopterologie*[1] - der Käferkunde. Insbesondere widmete er sich der Sammlung und Erforschung des *Rüsselkäfers*[2]. Als bekannter Käfersammler, in der Fachsprache Koleopterologe genannt, sammelte er nicht nur einheimische Käfer, sondern auch Käfer aus aller Welt. Seine bedeutende Sammlung, die seine Erben später dem *Museum für Tierkunde in Dresden*[3] vermachten, brachte es auf rund 7.000 Arten mit ungefähr 29.000 Einzelstücken. Ein wichtiger Platz nimmt dabei seine badische Heimatsammlung von Käfern (badische Käfer-Fauna) ein, die er mit außerordentlichem Eifer aufgebaut hatte.

Der treffsichere Fotograf

Seine zweite Leidenschaft war die Fotografie. Er experimentierte, stellte selbst Fotopapier her und fertigte sorgfältig ausgearbeitete Abzüge seiner Aufnahmen an. Er verfügte über ein intensives Bildempfinden, das ihn befähigte,

Karl Friedrich Hartmann
„Schopfheim um die Jahrhundertwende“ - fotografische Einblicke in das Leben einer Stadt
Herausgeber: Stadt Schopfheim, 1990
Titelbild: Der Eichener See

ausdrucksstarke und lebendig-einfühlsame Landschaften und Porträts auf Zelluloid zu bannen. So gelang es ihm, ein treffliches und künstlerisch wertvolles Abbild der Landschaft des Wiesentals und seiner Bewohner zu vermitteln. In späteren Jahren fand er Freude und Erholung auch als Bienenzüchter und in der Pflege und Zucht von Obstbäumen, mit denen er als erfahrener *Pomologe*[4] seinen Garten erfolgreich bestellte.

Der Mensch Hartmann

In einer Denkschrift, veröffentlicht in der Entomologischen Zeitschrift *Iris Dresden* im Jahre 1943, wird Hartmann als eine hohe und stattliche Erscheinung beschrieben, mit einem großen und klar geschnittenen Gesicht. Aus diesem würden Augen leuchten, voll von Herzensgüte und strahlend geistiger Beweglichkeit. Zu den Grundzügen seines Wesens, das von einer stillen Heiterkeit und Harmonie geprägt war, gehörte eine warme Liebe zu allen Naturschönheiten. Er verfügte über eine geistige Aufgeschlossenheit und Vielfalt, die ihren Reichtum aus den einfachen Dingen des Lebens zog, verbunden mit einem untrüglichen Gefühl für das Echte.

[1]Koleopterologie ist die Lehre von den Käfern. Sie gehört zur Insektenkunde, der Entomologie. Diese wiederum ist ein Zweig der Zoologie. Das Wort ist eine Zusammensetzung aus dem griechischen Wort für „Käfer“ und „Lehre“. Ein allgemein üblicher Ausdruck in der deutschen Sprache ist „Käferkunde“.

[2]Rüsselkäfer zählen zur artenreichsten Familie aller Lebewesen überhaupt. Weltweit gibt es schätzungsweise über 60.000 Spezies. Ihren Namen verdan-

ken sie ihrem Werkzeug, das aus ihrem Kopf herauswächst: dem Rüssel. Mit diesem Mundwerkzeug bohren und fräsen sie. Einige Arten können Ernten vernichten und Forsten verwüsten. Deshalb sind sie nicht sehr beliebt und werden vielfach bekämpft.

[3]Das Museum für Tierkunde Dresden ist eine der rund 10 großen zoologischen Forschungssammlungen Deutschlands. Seine Sammlung zählt mehr als 6 Millionen Tierpräparate und deckt den gesamten Globus ab. Das Museum gehört heute zur Senckenberg Gesellschaft für Naturforschung in Frankfurt a.M.

[4]Ein Pomologe ist ein Obst- und Sortenkundler, ein Fachmann der Pomologie, der Lehre der Obstsorten, deren Bestimmung und systematischer Einteilung. Im Gegensatz zum Baumwart, der den Baum und die Frucht in seiner praktischen Arbeit berücksichtigt, betrachtet der Pomologe - auch „Obstdetektiv" genannt - vor allem die Frucht aus botanischer Sicht.

Friesenegger: Kunst aus einer Zeit ohne Schornsteine und Schienenstränge

Himmel und Erde, Luft und Licht, Wasser und Vegetation - das alles brachte er harmonisch in seinen Bildern zusammen: Gustav Wilhelm Friesenegger. Der bekannte Landschaftsmaler, der sich zusammen mit seinem Bruder 1824 in Schopfheim niedergelassen und eine private Zeichenschule gegründet hatte, betrachtete die Natur als eng verbundenes, organisches Ganzes, in dem alle Bereiche miteinander verknüpft sind und zusammenhängen. Gekonnt setzte der 1796 in Blansingen im Markgräflerland geborene, außergewöhnliche Künstler Farbe, Licht und Schatten in seinen Werken ein und zauberte damit eine reine, imposante, stimmungsvolle Landschaft, die dem Betrachter Tiefe und Räumlichkeit vermittelt und die Natur ästhetisch würdigt und lebendig erscheinen lässt.

Sein umfangreiches Werk umfasst mehr als 200 Zeichnungen und Aquarelle, von Landschaften, Pflanzen- und Tierstudien über Trachten, Porträts, Durchscheinbilder und Ruinendarstellungen. Darunter befinden sich zahlreiche Ansichten von Schopfheim und dem Wiesental aus der Biedermeierzeit. Dabei dokumentierte er eine Zeit, die noch ohne Fabriken, Schornsteine und Schienenstränge geprägt und der Fluss Wiese noch nicht korrigiert war, eine vorindustrielle, technisch noch fast unberührte Kulturlandschaft, in der die Natur noch das Sagen hatte.

Ausstellungskatalog

Die Stadt Schopfheim ehrte das Werk des 1859 verstorbenen Künstlers sowie das Wirken seines Bruders mit ihrer Ernennung zu Ehrenbürgern und setzte ihnen mit dem Frieseneggerweg ein Denkmal. Zum 200. Geburtstag von Gustav Wilhelm Friesenegger widmete die Museumsgesellschaft Schopfheim ihm 1996 eine Ausstellung im Städtischen Museum.

Pflügender Bauer und spielende Kinder - das Bild vom Eichener See

Friesenegger hat auch den Eichener See porträtiert, wie er sich malerisch in die sanft gewellten Hügelformationen der von verschiedenen Wirtschaftsformen geprägten Kultur- und Erholungslandschaft einfügt. Mit stilistischen, fast skizzenhaften, teils groben Mitteln hat er die unterschiedlichen Vegetationsarten, wie Gras, Laub und Wald, herausgestellt und damit dem Bild eine fast impressionistische Stimmung verliehen. Die landwirtschaftliche Nutzung muss damals im Vordergrund gestanden haben. Das verdeutlicht Friesenegger in dem nur 12,3 x 15 cm großen Bild mit dem Bauer, der ein Feld pflügt und einer Kuh, die Gras frisst, während in der Nähe zwei Kinder am See sitzen und spielen.

Durchscheinbilder: Dias des 19. Jahrhunderts

Revolutionär zur damaligen Zeit waren seine Durchscheinbilder, sogenannte Transparentbilder, die auf dünnes, transparentes Paper farbig aufgemalt wurden. Wurden diese am Tag gegen die Sonne gehalten oder am Abend vor eine brennende Kerze gestellt, leuchteten sie und entfalteten eine faszinierende Lebendigkeit. Damit lag Friesenegger im Trend der Zeit. Auch heute noch werden diese Bilder, die als die Dias des 19. Jahrhunderts bezeichnet werden, verwendet, zum Beispiel bei den Laternen der Basler Fasnacht. Meterhohe, beleuchtete Transparentbilder, begleitet von Piccoloflöten und Trommeln werden beim traditionellen „Morgestraich“ durch die nächtliche Stadt getragen und begeistern Tausende Zuschauer aus aller Welt.

Stich des Hebelhauses in Hausen im Wiesental (1826)

Als sensationeller Fund gilt das Bild des Hebelhauses, das Friesenegger zugeschrieben wird. Dass der Künstler einen Bezug zum Geburtshaus des berühmten Dichters Johann Peter Hebel hatte, liegt auf der Hand. Denn 1759 soll sein Großvater, Jakob Christoph, die Eltern des Dichters in der Funktion als Diakon für Hausen getraut haben.

kolorierter Stahlstich des Hebelhauses (1826)

Das heutige Hebelhaus (2015)

Das Hebelhaus

In diesem Haus, das zu den ältesten noch erhaltenen Gebäuden in der kleinen Gemeinde im Wiesental zählt, verlebte der 1760 in Basel geborene Johann Peter Hebel einen wichtigen Teil seiner Kindheit und Jugend. Anlässlich seines 200. Geburtstages im Jahre 1960 richtete die Gemeinde in dem Gebäude ein Dorf- und Heimatmuseum ein, das später erweitert und völlig neu gestaltet wurde. Heute umfasst die Sammlung mehrere hundert Gegenstände, darunter kostbare, persönlich von Hebel geschriebene Briefe sowie zahlreiche Bücher von und über Hebel, der als Dichter weit über die Grenzen seiner badischen Heimat Berühmtheit erlangte. Das Gedächtnis des großen alemannischen Dichters ehrt die Gemeinde mit einem Hebelfest, das alljährlich zu seinem Geburtstag am 10. Mai stattfindet. Bei diesem wird auch der begehrte Hebelpreis sowie die Hebelplakette verliehen.

Eugen Holdermann: Chronist der heimatlichen Region

Ein meisterliches Lebenswerk

Er hat mit seinen Fotografien dem Eichener See ein unverwechselbares und einmaliges Gesicht gegeben: Eugen Holdermann. Sein Bildband aus dem Jahre 1997, den der Erzähler Kurt Ückert mit Geschichten und Gedichten ergänzt hat, vermittelt ein facettenreiches und durch die verschiedenen Jahreszeiten geprägtes Stimmungsbild dieses einzigartigen Naturschauspieles. Was der Maler Gustav Wilhelm Friesenegger (s. vorige Seiten) in seinen Bildern ausdrückt, vermittelt Holdermann mit seinen Fotografien: ein Wechselspiel von Licht und Schatten, Farben und Formen.

Eugen Holdermann · Kurt Ückert

Der Eichener See

Eugen Holdermann mit einer Bleistiftzeichnung des Dorfes „La Grave" in den französischen Alpen

Der gelernte Buchbindermeister, geboren 1927 in Schopfheim, Sohn einer achtköpfigen Schopfheimer Beamtenfamilie, hat seit seiner Jugendzeit fotografiert und auch gemalt. Dazu gesellte sich das Sammeln von Mineralien und Fossilien. Als passionierter Bergsteiger hat er viele Gipfel erklommen. Als einmalige Erlebnisse sind ihm besonders das Ersteigen des Eigers, des Weißhorns und des Mont Blanc in Erinnerung geblieben. Die auf seinen Touren entstandenen Fotografien finden sich in zahlreichen Bildbänden zum Markgräflerland und zum Südschwarzwald oder auf Kalendern. Damit wurde er über die Jahre zu einem der Chronisten der heimatlichen Region.

Seine Bilder, die von einer tiefen Verbundenheit mit Landschaft und Natur zeugen, vermitteln eine Fülle von besonderen Eindrücken und Stimmungen. Ob spektakulär anmutende Wolkengebilde, romantisch glühende Sonnenuntergänge, mystische Nebelmeere oder sich unter der Schneelast biegende Tannen – die Palette seiner Aufnahmen ist breit und vielfältig. Gleichzeitig dokumentierte er dabei auch den unaufhaltsamen Wandel unserer Kulturlandschaft.

Exzellenter Kenner der Bergwelt

In seiner Buchbinderwerkstatt in der ehemaligen Buchhandlung Thoma in der Hauptstraße in Schopfheim entstanden unter seinen Händen kunstvoll gestaltete und gebundene Bücher sowie Bilderrahmen. Ab Mitte der 1960er Jahre spezialisierte er sich auch auf den Verkauf von Landkarten und hatte über die Region hinaus einen guten Ruf als Kartenspezialist. Sein Repertoire reichte weltweit, insbesondere hatte er sämtliche topografische Karten des Schwarzwaldes, der Schweiz, Frankreichs und eines Großteils von Österreich. Man ließ sich gerne von ihm beraten, da er viele Regionen, besonders die Bergwelt dieser Länder, sehr gut kannte.

Fotos vom Eichener See von Eugen Holdermann

Hans-Martin Koch - Maler und Fotograf aus Leidenschaft

Ein neues Fenster in Natur und Landschaft stößt Hans-Martin Koch auf. Mit seinen Malereien und Fotos eröffnet er dem Betrachter neue, aber auch vertraute Perspektiven auf unsere Welt. Seit über 30 Jahren malt und fotografiert der gebürtige Lörracher und ehemalige Grundschullehrer Landschaften, Dörfer und Städte sowie Blumen und Menschen. Motive findet er überall und zuhauf: ob in der heimischen Umgebung, dem Dinkelberg oder bei Reisen in andere Regionen und Länder.

Seine Werke stießen bereits in verschiedenen Ausstellungen auf breites Interesse. So im Juni 2015 bei der Ausstellung „Impressionen der Landschaft“ in der Geschäftsstelle der VR-Bank in Schopfheim, wo überwiegend seine Malereien im Vordergrund standen. Hier würdigte Martin Retter, ein langjähriger Freund von ihm, in seiner Laudatio sein Schaffen. Er sei dabei „nicht festgemauert, sondern flexibel und habe als Künstler eine offene Wahrnehmung und ein gutes Deutungsempfinden als Ergebnis eines jahrelangen Prozesses.“ Für seine Werke verwendet Koch Tusche, Pastellkreide, Kohle, Aquarellfarben und Mischtechniken.

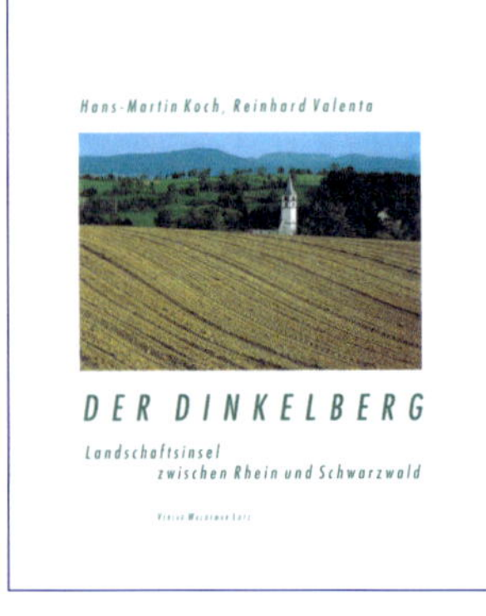

Einen eigenen Bildband hat er zusammen mit Reinhard Valenta, Kulturamtsleiter der Stadt Wehr, dem Dinkelberg, seiner Heimat, gewidmet. Mit imposanten Aufnahmen und Perspektiven würdigt er die reizvolle Landschaft am Rand des Südschwarzwaldes zwischen Wiesen-, Wehra- und Hochrheintal. *„Der Dinkelberg - Landschaftsinsel zwischen Rhein und Schwarzwald“* ist ein Hochgenuss für den Betrachter und ein Muss für Liebhaber eindrucksvoller und geheimnisvoller Landschaften.

Spürsinn und Faszination zeigt er auch für den um die Ecke liegenden, einzigartigen Eichener See, den er in Fotos und Zeichnungen verewigt hat.

Winterabendstimmung am Eichener Se

Gewitterstimmung am Eichener Se

Badische und unsymbadische Lieder: Die „Zwei Wunderfitze“ aus dem Wiesental

Sie haben es im Blut: das Alemannische. „Mir singe un schwätze numme alemannisch“ ist das Motto der „Zwei Wunderfitze“ aus dem großen und kleinen Wiesental. Seit 2013 ziehen Rolf Rosendahl aus Schönau, dem Geburtsort unseres Weltmeistertrainers Jogi Löw im großen Wiesental, und Dieter Schwarzwälder aus Wies im Kleinen Wiesental mit ihren Liedern Zuhörer von nah und fern in ihren Bann. Auch ihr Name ist der alemannischen Sprache entlehnt. „Wunderfitzig ist jemand, der neugierig ist“, erklärt Rolf Rosendahl.

Die „Zwei Wunderfitze“ bei ihrem Auftritt zum „Tag der Mundart“ auf der Baden-Messe 2015

Geburtsort: Eichen

Ihr eigentlicher Ursprungsort ist jedoch Eichen. Hier, in der „Seegemeinde“, wurde die Gruppe geboren. Begonnen hatte es in der ehemaligen Gaststätte „Zur Sonne“ am Ortsausgang in Eichen, wo im Jahr 2000 Rosendahl mit seiner Westerngitarre und Horst Kahl mit der E-Gitarre, in einem Nebenraum anfingen zu proben. Oft gesellten sich dann zur späten Stunde Mitglieder des Eichener Chors nach ihrer Chorprobe in der Hülschematthalle auf ein Bier dazu, das dann in einem gemeinsamen Singen endete. So hat sich bis heute eine Verbundenheit zum Ort erhalten. 2006 stieß dann Dieter Schwarzwälder mit Bass und Mundharmonika zu der kleinen Truppe. 2013 schied Horst Kahl aus beruflichen Gründen aus und Rosendahl und Schwarzwälder bildeten von nun an das Duo.

Spritzig und witzig

Texte und Noten stammen überwiegend aus der Feder von Rosendahl. Es sind „badische und unsymbadische" Lieder, in denen auf satirische und kabarettistische Art menschliche Schwächen und Verhaltensweisen aufs Korn genommen werden. Sie sind spritzig, witzig, mit einem Schuss Ironie gewürzt, aber auch nachdenklich. Am bekanntesten sind „Alemannischi Männer", „Zitte", „Mordic-Walking", „Mondlied", „Südseezauber" oder „Du Dubeli du".

Musik und Mord am Eichener See

Neu im Programm ist eine Moritat über ein schauriges Verbrechen am Eichener See, das das ganze Dorf Eichen erschüttert. Der Text erinnert an die Sage über ein Liebespaar und einen eifersüchtigen und verschmähten Liebhaber, die mit dem Tod des Paares im See endet. Beide Musiker agieren mit Westerngitarre, aber auch mit Mundharmonika, E-Bass, Waschbrett, Lotusflöte und Kazzoo, Cajon und Euphonium. Bereits zwei CDs wurden bisher produziert.

Ihre Homepage: www.zweiwunderfitze.de

<u>Pressestimmen:</u>

Die Oberbadische, 16. 09.2016, **Konzert im Schloss Beuggen bei Rheinfelden**
„Nimm mi an de Hand", forderten Schwarzwälder und Rosendahl ihr Publikum auf und führten es mit ihren Liedern durch die beiden Wiesentäler, stellten die Menschen vor, mit ihren Eigenarten und Landschaften. Eigenkompositionen mit spitzer Feder getextet und, dank der umfangreichen Instrumentierung des Duos, in breitgefächerten musikalischen Richtungen komponiert, bildeten den Schwerpunkt des Programms.

Dieter Schwarzwälder und Rolf Rosendahl in der „Krone“ in Tegernau

Badische Zeitung, 2. Januar 2017:
Ein Lichtlein anzünden in dunkler Zeit

Zur musikalischen Unterhaltung hatte die Bürgervereinigung Maulburg die „Zwei Wunderfitze“ Rolf Rosendahl und Dieter Schwarzwälder gewinnen können, die aus ihrem reichen musikalischen Repertoire viele mit Beifall bedachte Lieder zum Besten gaben. Lieder von Roland Hofmaier, Frank Dietsche und auch das bekannte „In Muetters Stübeli“, bei dem alle mitsangen, bis hin zum „Erlkönig“ in der „Wunderfitz-Fassung“ und zum „Mordic-Walking“ begeisterten das Publikum ... Die beiden „Wunderfitze“ sangen noch manche Nummer und bestätigten damit, dass „Das Wiesental unser Paradies“ ist.

´S Lied vom Eiemer See

T&M: Rolf Rosendahl
November 2014

„Gefängnisvögel“ erobern Alemannia

„Jailbirds“ heißen sie auf Englisch, was wörtlich übersetzt „Gefängnisvögel“ heißt. Zu Deutsch: „Knastbrüder“. Der Duden erklärt das umgangssprachliche Wort Knastbruder wie folgt: „Jemand, der im gleichen Gefängnis einsitzt oder eingesessen hat wie man selbst.“ Die hier genannten „Knackis“ heißen Jeannot und Christian Weißenberger und sind ein landesweit bekanntes Gesangsduo. Ihren Namen verdanken sie einem Gebäude, dem ehemaligen Gefängnis der Stadt Schopfheim (de Chäfi), wo sie ihrem Beruf als Grafiker nachgehen.

Die „Knaschtbrüeder“ (Jeannot und Christian Weißenberger) bei einem Auftritt in der „Krone“ Tegernau

In ihrer Freizeit sind sie wieder „auf freiem Fuß“ und begeistern mit ihrer Musik Zuhörer aus nah und fern.

Die „Knastbrüder“ bzw. alemannisch „Knaschtbrüeder“, die auch echte Brüder sind, denken, reden und singen in ihrer Muttersprache, auf Alemannisch.

„Hochdütsch kann jeder. Alemannisch könne nur mir", heißt der Refrain eines Liedes, das zugleich ein Motto des Duos ist. Ihre Lieder, die sie beide mit der Gitarre begleiten, sind amüsant, witzig und nachdenklich, gewürzt mit einem derben, teils trockenen Humor. In ihren Texten karikieren sie die aktuelle Welt und rufen sinnliche Erinnerungen wach. Bei ihren Auftritten singen sie jedoch nicht nur, Jeannot Weißenberger gibt auch immer wieder amüsante und originelle Geschichten zum Besten. Jedes Konzert spiegelt ein Fest der alemannischen Lebensart wieder.

Bereits über 30 eigene Songs befinden sich in ihrem Repertoire. Drei CDs künden von ihrer ungebremsten Kreativität, eine neue ist in Bearbeitung. Ihre letzte heißt „Hart an de Gränze". Vor längerer Zeit schon entstand auch ein Lied zum Eichener See, der „Eiemer See-Walzer". Im Refrain drücken sie ihre Liebe zu diesem mystischen Gewässer aus:

Eie, oh Eie, du hesch de schönste See
und bisch Du au wit wäg vo mir,
ich will di wieder seh.

Ihre Hompage: www.knaschtbrueder.de

<u>Pressestimmen:</u>

Markgräfler Tagblatt, 27.09.2013: **Alemannische Lebensart pur**
Es war wieder einmal ein „alemannischer Obe" der Extraklasse, den die Knastbrüder am vergangenen Samstag im Hasler Bürgerhaus auf die Bretter brachten. Mit Liebeserklärungen an die südbadische Heimat, Erzählungen von Originalen, die den Lebensweg kreuzten, sowie mit hintersinnigen bis derben Späßen lieferten Jeannot und Christian Weißenberger ein Lebensgefühl, das voll ins Herz des Publikums traf.

... Die zweisprachig vorgetragene Country-Ballade von Woodie Guthrie über die „fine little feet", mit stimmungsvollem Gitarrensolo von Christian Weißenberger löste im Saal den ersten Begeisterungssturm aus. „De Summer" von der Spider Murphy Gang, gekonnt aus dem Bajuwarischen ins Alemannische übertragen, war dann gleich der nächste Kracher. Natürlich fehlte auch die Nonsens-Sprachakrobatik der Weißenberger Texte nicht. Ob „De Schneck muss weg" oder „Is de Hai dehei".

Badische Zeitung, 29.11.2012: **Knaschtbrueder erfreuen auf Alemannisch**
Großartige Kleinkunst im reinsten alemannischen Dialekt, „so wie de Schnabel gwachse isch“, präsentierten die „Knaschtbrueder“ Jeannot und Christian Weißenberger und eroberten mit ihren alemannischen Liedern schnell die Herzen der Gäste. Zwei waschechte Wiesentäler seien sie, in Lörrach-Stetten geboren, in Wieslet im kleinen Wiesental „herangereift“ und jetzt in Schopfheim wohnhaft, erläuterte Jeannot Weißenberger die heimischen Wurzeln des Duos. Der Name „Knaschtbrueder“ komme daher, dass sie „umgekehrte Freigänger“ seien. Sie leben und arbeiten im „Knast“...

Der „Eiemer See-Walzer“

Die gehäkelten „Knaschtbrüeder“ von der Häkel-Künstlerin Karin Vollmer

Auf frischer Tat ertappt: „Inflagranti Vokal“

Skurrile, witzige und schlitzohrige Lieder

Sie reisen vom Nordpol bis Hawaii, einmal quer durch Südamerika, machen einen Ausflug nach Paris und - in Liebesnester. Und das mit fünfstimmiger Vokalmusik: Das Quintett „Inflagranti Vokal“. Auf ihren weltmusikalischen Reisen begeistern sie ihre Zuhörer mit exotischer, jazziger, sinnlicher und romantischer Musik, die mit frechen und witzigen Choreografien und Kostümierungen gewürzt wird. In ihren meist skurrilen, humorigen und schlitzohrigen Liedern dreht es sich überwiegend um das eine: die Liebe - was sonst? Dieses uralte Thema der Menschheit, das mit Wonnen und Leiden verbunden ist, wird sowohl a cappella als auch mit Instrumentalbegleitung besungen. Gründer und Leiter des Quartetts ist Klaus Streicher, selbst ein erfahrener und vielseitiger Musiker, Künstler und Schauspieler. So singt und spielt er gleichzeitig in den „Liebestötern“, einem Duo, das ebenfalls die Liebe und ihre vielen Facetten parodiert.

„Sörfe uf em Eiemer See“

Für den Eichener See haben sich die „Inflagranti Vokal“ („in flagranti“, lat.: dt. „auf frischer Tat ertappt“) etwas Besonderes einfallen lassen: Nach der Melodie des berühmten Songs „Surfin’ USA“ der Beach Boys laden sie zum Surfen auf dem See ein. Die Vorteile liefern sie gleich mit: keine Haie und lästigen Quallen! Auch die Krebse sind nur mit der Lupe zu sehen. Aber Vorsicht! „Du schtoßisch högschdens a me Stei a mit em große Zeh."

Ihre Homepage:
www.inflagranti-vokal.de

<u>Pressestimmen:</u>

Markgräfler Tagblatt vom 05.11.2015:

Die Zeit vergeht wie im Flug

„...sehr kreativ ist diese A-cappella-Gruppe, die sich hin und wieder selbst mit Gitarren und Cajon begleitet, wenn sie berühmte Songs auf Alemannisch umdichtet, etwa von den Beatles, die in frechen Titeln im Dialekt originell verballhornt werden. „Help!" wird zum Lied über „herbe Wii", und aus „Somethin' Stupid" von Frank und Nancy Sinatra wird auf gut Alemannisch „So 'ne Seich" ...

Gewitzte Moderationen, pfiffige Choreografie mit ein paar Requisiten und kleinen Verkleidungen wie die Blumenketten am Hawaii-Strand und die gekonnten Arrangements und Umdichtungen von Mastermind Klaus Streicher machen diesen Auftritt so abwechslungsreich, dass die Zeit wirklich wie im Flug vergeht."

Badische Zeitung vom 05.11.2015: **Beschwingter Abschluss**
„Schnallen Sie sich an!", hieß es in dieser einfallsreich inszenierten Tour mit Bassist Bob Cavender, den Sopranistinnen Marina Greiner und Conny Niems, die auch Cajon spielt, Altistin Waltraud Schwald, die auch öfter zur Gitarre greift, und Bariton Klaus Streicher, der abwechselnd Gitarre und Ukulele spielt und sämtliche Stücke für das Vokalensemble arrangiert. Die pfiffigen, originellen Arrangements, die stimmlich hervorragend ausgefeilten und szenisch und choreografisch mit viel Humor, Ironie und Augenzwinkern servierten Vokalnummern sorgen für bestes Amüsement bei den Zuhörern."

Badische Zeitung, 20.11.2014: **Den Beatles alemannisch beigebracht**
Das Quintett ... sang sich vom ersten Lied an tief in die Herzen der Zuhörer und wurde begeistert gefeiert. In einem bunten Wechsel von launigen Chansons aus Varieté-Zeiten, Swing-Titeln, Schlagern und Pop-Songs präsentierte das Ensemble schwungvolle Arrangements und eine Bühnenshow, bei der die Künstler weder sich selbst noch ihre Titel allzu ernst nahmen.

vlnr: Klaus Streicher, Bob Cavender, Waltraud Schwald, Conny Niems und Marina Greiner

... das Ensemble hatte ein umwerfendes alemannisches Beatles-Medley zusammengestellt, das im Theatersaal der Krone wahre Begeisterungsstürme auslöste. Der danach folgende Beach-Boy-Titel „Surfin' USA" in der alemannischen Version „Surfe ufem Eiemer See" löste einen solchen Jubel aus, dass daraus eine Regionalhymne werden könnte.

Sörfe uf em Eiemer See
alemannischer Text von Klaus Streicher
auf die Melodie „Surfin' USA"

1.
Do in de Nöchi giit's e Seeli, sell chasch nit immer seh.
Mängmol giit's do dinne Wasser, meischdens wachst dört Klee
Wenn der's Wasser bis ans Chnü goht, no chasch üs renne seh.
Denn göhn mir alli go sörfe uf em Eiemer See.

Refrain
Vegesset alli die Karibik un au de Gardasee,
s Middelmeer un de Pazifik vo Santa Cruz bis Monte Rey.
Vegesset Acapulco, Long Beach oder Bodega Bay
Un chömmet alli go sörfe uf em Eiemer See!

2.
Du bruchsch kei Angscht vor em Hai ha, kei Qualle macht dir weh.
Du schtoßisch högschdens a me Stei a mit em große Zeh.
Die Urzitchrebsli, wo dört paddle, chasch nur mit Lupe seh.
s paddlet leider kei Ughür uf em Eiemer See.

Refrain
Mir hän mol do z Schopfe en Viermaschder gseh dört bi Eie uf em See.
It's a long way to Californ-I-A. There is plenty of green that I have seen
Dört bi Eie uf em See.

3.
Wenn d querfeldii über de See fahrsch, saisch vorher: „Schatz, ade!"
Denn wenn d emol e guede Wind hesch, chasch d Küschde bal nüm seh.
Un wenn du denn bis uf Hawaii chunsch, riefsch lut: „Aloahe!"
Denn chömme alli go sörfe uf em Eiemer See.

Refrain

EPILOG

Das Phänomen Eichener See und ich

Hautnah habe ich über 12 Jahre lang (von 2003 bis 2016) die Mystik und Magie des Eichener Sees gespürt und erleben können. Denn ich wohnte nur wenige Hundert Meter von ihm entfernt, knapp 20 Minuten Gehweg. Er hat

mich von Anfang an fasziniert. Oft schaute ich einfach nur vorbei, joggte hastig vorüber oder saß andachtsvoll an seinem Ufer. Sein manchmal recht langes Abtauchen und sein plötzliches Erscheinen - all das waren Wunder für mich. Ein Naturwunder eben. Noch überraschender war für mich, welche Wirkung dieser See auf die Menschen ausübte. War er da, zog er Hunderte, ja Tausende magisch in seinen Bann. Meist waren sie dann auch feierlich und freudig gestimmt, so, als wäre ein neues Menschenkind auf die Welt gekommen, das alle sehen und berühren wollten.

Faszinierende Ausstrahlungskraft

Immer wieder habe ich mich gefragt, warum dieser See so eine gewaltige Anziehungs- und Ausstrahlungskraft ausübt. Ist es die Geduld, die er aufbringt - oder sind es die Gelassenheit und ein gewisser, innerer Frieden, die von ihm ausströmen? Im Gegensatz zu unserem hektischen Leben scheint er alle Zeit der Welt zu haben. Vielleicht bringt er uns auch in eine zeit- und raumlose Qualität, die in uns ursprünglich angelegt ist und harmonische und friedvolle Stimmungen erzeugt? Ein Gefühl des Ankommens und Aufgehobensein im Hier und Jetzt? Oder will er uns vermitteln, dass alles seine Ordnung hat, auch wenn er paar Monate, ja sogar Jahre nicht an die Oberfläche kommt und sich sehen lässt? „Ich bin dann einfach mal weg, und dann wieder da", so könnte auch sein Lebensbuch heißen, wenn er es schreiben könnte.

Einiges von dem habe ich durch das Schreiben dieses Buches verstanden, vieles bleibt jedoch noch verborgen und ist ungelöst. Auf alle Fälle wird der Eichener See weiterhin für Begegnungen, Erforschungen und Beobachtungen sorgen und auch genügend Stoff für Geschichten, Bilder oder Lieder liefern.

Alemannische Lebensart

Ich möchte an dieser Stelle allen Menschen Danke sagen, denen ich im Laufe dieser vielen Jahre begegnet bin. Ob in Eichen, Schopfheim oder anderswo: Jeder einzelne hat mir, jeder auf seine Art und Weise, etwas Wertvolles mitgegeben oder Sinnreiches vermittelt. Lieben und schätzen gelernt habe ich in Eichen die alemannische Lebensart. Besonders berührt war ich von der inneren Anteilnahme, der gegenseitigen Wertschätzung und der Herzlichkeit der hier lebenden Menschen. Positiv in Erinnerung ist mir insbesondere das gegenseitige Zuhören, die Hilfsbereitschaft und die Treue in Partnerschaften geblieben. Dazu kam eine ursprüngliche Verbundenheit mit der Natur - der Landschaft und den Tieren -, die sich in einer inneren Stärke, Vertrauen und einem positiven und optimistischen Lebensgefühl widerspiegelte. Gleichfalls beeindruckt war ich von den seelenberührenden und gelebten Traditionen, die den Zusammenhalt der Menschen fördern und die Gemeinschaft stärken.

Mein besonderer Dank gilt an dieser Stelle Winfried Kirst, in dessen Haus ich während all der Jahre wohnen durfte!

Lehrmeister- und „Zauber“-See

Danke möchte ich auch dem See sagen - denn er war ein großer Lehrmeister für mich! Er hat mich nicht nur Geduld und Gelassenheit gelehrt, um bei ungelösten Dingen und Fragen auszuharren. Er hat mir auch gezeigt, dass alles im Leben seine Ordnung hat, egal, ob man da ist oder auch mal nicht. So wie die Sonne immer da ist, auch wenn Wolken den Himmel verschließen. So wie die Liebe im Leben immer gegenwärtig ist, auch wenn sie mal abgetaucht zu sein scheint. Er hat mir vorgelebt, dass alles seine Zeit und Stunde hat und dass sich das Leben nicht zwingen lässt. Von ihm durfte ich aber auch lernen, dass es ratsam ist, jederzeit offen und wachsam zu sein - und dann zu erkennen, wann die Zeit reif ist und die Stunde geschlagen hat.

Vieles davon ist auch in mein Leben eingeflossen. So habe ich beispielsweise viel Geduld und Gelassenheit üben können mit der Einführung der Regionalwährung DreyEcker, die ich aktiv mitgestalten durfte (siehe mein Beitrag auf Seite 44). Diese Eigenschaften, verbunden mit einer gewaltigen Portion Mut, schöpferischer Initiative und Durchstehvermögen kamen mir dann auch beim

Schreiben und Verlegen von Büchern zugute. So ist hier in der Alten Wehrer Straße, unter der „Obhut“ des Eichener Sees, die Grundlage für meinen Verlag, den AbisZ-Verlag, gelegt worden. Insofern ist dieser See ein „Zaubersee“, wie es mein Vermieter „Winni“ Kirst in seinem Beitrag auf Seite 38 eindrucksvoll beschreibt und verfügt über „magische Kräfte“, wie es die Legenden, Sagen und Mythen zum Ausdruck bringen.

Der Urzeitkrebs als Metapher für unser Leben

Und noch etwas gewann in Verbindung mit dem See für mich an Bedeutung: Ein Tier namens Blattfußkrebs, auch Kiemenfußkrebs genannt, lateinisch: Tanymastix launae. Ohne das periodische Austrocknen des Sees wäre dieser Urzeitkrebs, der mit seinen 440 Millionen Jahren zur ältesten Tierart der Welt zählt, längst ausgestorben. Denn erst durch die lange Trockenzeit können sich die Eier entwickeln und Nachkommen entstehen.

Diese Tatsache möchte ich auf meine Weise metaphorisch deuten: Auch in uns Menschen ist meist etwas Verborgenes angelegt. Dieses braucht Zeit und Geduld, um sich zu entwickeln. Wenn diese „Trockenperiode“ vorbei ist, erwacht dieses Etwas zum Leben. Jeder kann für sich selbst entscheiden, was damit gemeint ist: ob es in uns angelegte, verborgene Talente und Schätze sind, die ans Tageslicht streben oder auch Visionen, die verwirklicht werden wollen. Oder sind es die Liebe und das Leben selbst, die immer wieder neu entstehen und sich auch ausdrücken möchten?!

Auch ich persönlich durfte das hautnah erleben und erfahren. Nach langen „Trockenzeiten“ in Eichen habe ich jetzt nicht nur ein neues Zuhause am Bodensee gefunden, auch neue Perspektiven eröffnen sich, die mit neuen und faszinierenden Herausforderungen verbunden sind. Insgesamt hat sich in meinem Leben ein grundlegender Wandel vollzogen, der mit anderen Sichtweisen auf das eigene Leben und damit auf das Leben selbst verknüpft ist.

Johannes Rösler
Autor und Verleger dieses Buches

Die Geheimnisse des Eichener Sees

von Johannes Rösler

Er spannt uns auf die Folter, dich und mich
kommt er doch - oder kommt er wieder nicht?
In diesem Jahr, im nächsten und überhaupt
ob jemand jemals daran glaubt?

Oft narrt er uns, ist nur eine kleine Pfütze
dann schwillt er an, Wasser dringt aus jeder Ritze.
Wann und wie zeigt er sich - wie breit, wie tief?
O Gott, wie lange er doch manchmal schlief!

Dann ist er da, meist über Nacht
wie aus dem Nichts, ins Licht erwacht
mit seinem Charme, Schimmer, aber auch Biss
weil er oft Menschen in seine Tiefe riss.

Sie ertranken, eine blanke Katastrophe
für ihn, den See, nur eine kurze Strophe
in seinem Lied, das er schon viele Tausend Jahre singt
und immer wieder Menschen zum Staunen bringt.

Um ihn ranken sich Mythen und Geschichten
was so manch Leut` aus allen Zeiten berichten.
Ob Jungfrauen, Erdmännchen oder diverse Geister
sie sind mal lieb, mal hilfreich und mal dreister.

Er wird gemalt, geknipst und besungen
um viel Farbe und bunte Worte wird gerungen
von Friesenegger über Koch bis zu den 2 Wunderfitzen
es ist einfach inspirierend, an seinem Ufer zu sitzen!

Und jedes Jahr, am Ostermontag, gibt´s hier ein besonderes Spektakel
junge Männer kämpfen um Eier - ein einziges Debakel!
Als Eierspringen ist diese Tradition weit bekannt
das Hunderte Besucher anzieht aus dem ganzen Land.

Bis heute weiß niemand: wo kommt der See eigentlich her
und warum ist er mal voll und mal wieder leer?
Er ließ schon manch Forscher ins Schwitzen bringen
dabei ist es ganz einfach: die Seewichte hier das Zepter schwingen!

Ist er da, strömen zu ihm Massen von Menschen
als gelte es einem Wunder zu gedenken.
Sie pilgern und staunen, als wär´s ein Heiligtum
dem gebietet Ehrfurcht, Ehre und großer Ruhm.

Aber das eigentliche Wunder ist kaum zu sehen:
Es ist nämlich ein Krebs mit vielen Zehen!
Die können sehen und fühlen zugleich
wenn wir das könnten - oh wären wir reich!

Er ist uralt, wie unser herrlicher Planet
hat Dinosaurier und Neandertaler überlebt.
Auch wenn die Trockenzeiten werden recht lang
er zeigt Ausdauer, ihm wird es nicht bang.

Ein wahres Naturwunder ist dieser mystische See
ist er nicht da, wächst Gras, Efeu und Klee.
Ob leer oder gefüllt, magisch zieht er uns in seinen Bann
ob er je enthüllen wird seinen geheimen Plan?